高职高专"十三五"规划教材·通信信号类

GSM-R 通信系统应用与维护

主　编　杨　静

副主编　戴俊勉

文泉云盘
防盗码

刮开涂层，使用微信扫描二维码，即可获取本书更丰富电子资源。

注意：本书使用"一书一码"版权保护技术，在您扫描后，该二维码对其他手机将失效。

北京交通大学出版社

·北京·

内 容 简 介

本书以移动通信为背景，主要包括 7 章内容，分别从概述、GSM－R 系统结构、GSM－R 数字移动通信基本原理、GSM－R 无线信道与移动性管理、GSM－R 业务及应用、GSM－R 无线网络设备、GSM－R 无线网络工程施工及设备维护等方面对 GSM－R 通信系统进行讲解。本书内容丰富，理论联系实际。

本书可作为高等职业院校铁道通信与信息化技术、通信信号等专业的教材，也可作为从事铁路电务技术人员和通信专业相关人员的参考用书。

图书在版编目（CIP）数据

GSM－R 通信系统应用与维护/杨静主编. —北京：北京交通大学出版社，2020.1
ISBN 978-7-5121-4111-7

Ⅰ. ① G… Ⅱ. ① 杨… Ⅲ. ① 铁路通信–移动通信–通信系统–高等职业教育–教材 Ⅳ. ① U285.21

中国版本图书馆 CIP 数据核字（2019）第 275235 号

GSM－R 通信系统应用与维护
GSM－R TONGXIN XITONG YINGYONG YU WEIHU

策划编辑：韩 乐 责任编辑：陈可亮
出版发行：北京交通大学出版社 电话：010-51686414 http://www.bjtup.com.cn
地 址：北京市海淀区高梁桥斜街 44 号 邮编：100044
印 刷 者：北京时代华都印刷有限公司
经 销：全国新华书店
开 本：185 mm×260 mm 印张：11.75 字数：265 千字
版 次：2020 年 1 月第 1 版 2020 年 1 月第 1 次印刷
书 号：ISBN 978-7-5121-4111-7/U·400
印 数：1～2 000 册 定价：36.00 元

本书如有质量问题，请向北京交通大学出版社质监组反映。对您的意见和批评，我们表示欢迎和感谢。
投诉电话：010-51686043，51686008；传真：010-62225406；E-mail：press@bjtu.edu.cn。

前　言

移动通信技术以其突出的优势得以迅速发展，在公众领域和许多行业部门都得到了广泛的应用。铁路行业也离不开移动通信技术，它对于保证列车运行安全，提高铁路运营质量有着极为重要的作用。GSM-R 是基于目前世界最成熟的公共无线通信系统 GSM 平台，专门为满足铁路应用而开发的数字无线通信系统，提供了列车控制、指挥调度、设备监控、铁路信息服务等方面的功能。

本书编写的目的是使学生建立起铁路移动通信系统概念，重点掌握 GSM-R 铁路移动通信的基本原理、关键技术、网络结构及业务应用，掌握 GSM-R 无线网络设备组成及原理，掌握网络工程施工及设备维护的内容、方法与要求。

本书共有 7 章，第 1～5 章主要讲述 GSM-R 通信系统原理和业务，第 6～7 章讲述 GSM-R 无线网络设备、工程施工和设备维护。

各章的主要内容为：第 1 章介绍移动通信分类、发展，移动通信在铁路中的应用及 GSM-R 的发展。第 2 章为本书重点内容，主要介绍 GSM-R 系统网络架构中的六大子系统及各子系统间协同工作原理，讲解 GSM-R 系统主要接口类型及作用，还分析了我国 GSM-R 网络规划方案及编号计划。第 3 章为 GSM-R 移动通信基本原理及关键技术，介绍无线电波信道传播特性、GSM-R 空中接口技术及语音处理技术。第 4 章介绍 GSM-R 无线信道、逻辑信道类型，物理信道及逻辑信道的映射，以及无线通信中常见的网络事件及流程。第 5 章介绍 GSM-R 的业务及应用，包括业务模型、基本业务、高级语音业务、特色业务，以及 GSM-R 在铁路中的应用。第 6 章介绍无线网络设备，主要包括基站控制器（BSC）、基站收发器（BTS）、天馈系统及直放站设备。第 7 章介绍 GSM-R 无线网络工程施工及无线网络设备维护，主要包括基站设备、天馈系统及直放站设备的安装调试，以及设备及系统的维护。

本书由广州铁路职业技术学院杨静、中国铁路广州局集团有限公司戴俊勉共同编写。其中，第 1 章、第 2 章、第 3 章、第 4 章和第 5 章由杨静编写；第 6 章、第 7 章由戴俊勉编写。

鉴于编者水平、经验有限，书中难免出现错误与不足，敬请读者予以指正。

编　者

2019 年 10 月

目 录

第1章

概　述

无线通信是利用电磁波信号可以在自由空间中传播的特性进行信息交换的一种通信方式，近些年在信息通信领域中，发展最快、应用最广的就是无线通信技术。在移动中实现的无线通信又通称为移动通信，人们把二者合称为无线移动通信。无线移动通信的主要目的是实现任何时间、任何地点和任何通信对象之间的通信。

移动通信以其显著的特点获得广泛应用。在公共服务领域，依托无线移动通信技术的发展，移动网络用户数量快速增长，移动通信为用户提供了及时有效、种类丰富及高质量的通信服务。在铁路行业，移动通信的代表为 GSM-R 铁路移动通信系统。GSM-R 技术是基于成熟、通用的公共无线移动通信系统 GSM 平台，专门为满足铁路应用而开发的数字式无线移动通信技术，以 GSM-R 为代表的铁路移动通信系统为铁路运输提供了安全保障和优质服务。

本章首先介绍移动通信的基本概念及系统特征，然后介绍移动通信在铁路中的作用及发展，最后对铁路移动通信系统 GSM-R 做整体介绍。

1.1　移动通信概述

1.1.1　移动通信发展简史

移动通信技术可以说从无线电通信发明之日就产生了。现代移动通信技术的发展始于 20 世纪 20 年代，归纳起来大致经历了五个发展阶段。

1. 第一代移动通信系统

第一代移动通信系统（1G）是指采用蜂窝技术组网、仅支持模拟语音通信的移动电话标准，其制定于 20 世纪 80 年代，主要采用的是模拟技术和频分多址（frequency division multiple access，FDMA）技术。以美国的高级移动电话系统（advanced mobile phone system，AMPS）、英国的全接入移动通信系统（total access communications system，TACS），以及日本移动通信制式为代表。各标准彼此不能兼容，无法互通，不能支持移动通信的长途漫游，只是一种区域性的移动通信系统。

第一代移动通信系统的主要特点是：

（1）模拟话音直接调频；

（2）多信道共用和 FDMA 接入方式；

（3）频率复用的蜂窝小区组网方式和越区切换；

（4）无线信道的随机变参特征使信号受多径衰落和阴影衰落的影响；

（5）环境噪声与多类电磁干扰；

（6）无法与固定电信网络迅速向数字化推荐相适应。

2. 第二代移动通信系统

由于模拟移动通信系统本身的缺陷，如频谱效率低、网络容量有限、业务种类单一、保密性差等，已使得其无法满足人们的需求。20 世纪 90 年代初期开发了基于数字技术的移动通信系统——数字蜂窝移动通信系统，即第二代移动通信系统（2G）。第二代移动通信系统主要采用时分多址（time division multiple access，TDMA）技术或者是窄带码分多址（code division multiple access，CDMA）技术。最具代表性的全球移动通信系统为 GSM（global system of mobile communication）和 CDMA 系统，这两大系统在目前世界移动通信市场占据着主要的份额。

第二代移动通信系统主要特点：

（1）有效利用频谱。数字方式比模拟方式能更有效地利用有限的频谱资源，随着更好的语音信号压缩算法的推出，每个信道所需的传输带宽越来越窄。

（2）高保密性。模拟系统使用调频技术，很难进行加密；而数字调制是在信息本身编码后再进行调制，故容易引入数字加密技术。

（3）可灵活地进行信息变换及存储。

3. 第三代移动通信系统

第三代移动通信系统（3G）是在第二代移动通信技术基础上进一步演进的，以宽带 CDMA 技术为主，并能同时提供话音和数据业务。

3G 与 2G 的主要区别是在传输语音和数据速率上的提升，它能够在全球范围内更好地实现无线漫游，处理图像、音乐、视频流等多种媒体形式，提供包括网页浏览、电话会议、电子商务等多种信息服务，同时也考虑了与已有第二代系统的良好兼容性。中国持国际电信联盟确定的三个无线接口标准，分别是中国电信运营的 CDMA、中国联通运营的 WCDMA 和中国移动运营的 TD－SCDMA。

表 1－1 表示三种移动通信标准的对比。

表 1－1　三种移动通信标准的对比

制式	WCDMA	CDMA2000	TD－SCDMA
继承基础	GSM	窄带 CDMA	GSM
同步方式	异步	同步	同步
码片速率	3.84 Mcps	1.228 8 Mcps	1.28 Mcps
系统带宽	5 MHz	1.25 MHz	1.6 MHz
核心网	GSM MAP	ANSI－41	GSM MAP
语音编码方式	AMR	QCELP，EVRC，VMR－WB	AMR

4. 第四代移动通信系统

第四代移动通信系统（4G）是第四代移动通信及其技术的简称，是集 3G 与 WLAN 于一体并能够传输高质量视频图像且图像传输质量与高清晰度电视不相上下的技术产品。4G 系统能够以 100 Mbps 的速度进行下载，比拨号上网快 2 000 倍，上传的速度也能达到 20 Mbps，并能够满足几乎所有用户对于无线服务的要求。而在用户最为关注的价格方面，4G 与固定宽带网络在价格方面不相上下，而且计费方式更加灵活机动，用户完全可以根据自身的需求确定所需的服务。此外，4G 可以在 DSL 和有线电视调制解调器没有覆盖的地方部署，然后再扩展到整个地区。很明显，4G 有着不可比拟的优越性。

目前，商用无线通信技术发展和演进过程如图 1-1 所示。

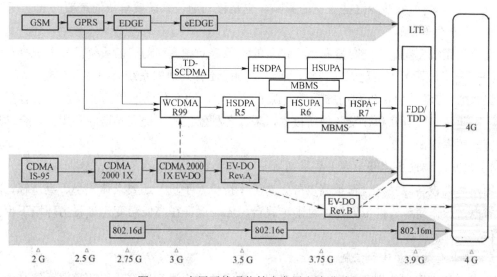

图 1-1　商用无线通信技术发展和演进过程

5. 第五代移动通信系统

5G，是指第五代移动通信系统，是 4G 的延伸。未来 5G 正朝着网络多元化、宽带化、综合化、智能化的方向发展。随着各种智能终端的普及，面向 2020 年及以后，移动数据流量将呈现爆炸式增长。从用户体验看，5G 具有更高的速率、更宽的带宽，预计 5G 网速将比 4G 提高 10 倍左右，能够满足消费者对虚拟现实、超高清视频等更高的网络体验需求。从行业应用看，5G 具有更高的可靠性、更低的时延，能够满足智能制造、自动驾驶等行业应用的特定需求，拓宽融合产业的发展空间，支撑经济社会创新发展。从发展态势看，今后几年 4G 还将保持主导地位，实现持续高速发展。但 5G 有望 2020 年正式商用。

1.1.2　移动通信系统的特点及分类

1. 移动通信的特点

由于移动通信系统允许在移动状态（甚至很快速度、很大范围）下通信，所以，系统与用户之间的信号传输一定得采用无线方式，且系统相当复杂。移动通信的主要特点如下。

1）信道特性差

由于采用无线传输方式，电波会随着传输距离的增加而衰减，不同的地形、地物对信号也会有不同的影响；信号可能经过多点反射，会从多条路径到达接收点，产生多径效应（电平衰落和时延扩展）；当用户的通信终端快速移动时，会产生多普勒效应（附加调频），影响信号的接收。并且，由于用户的通信终端是可移动的，所以，这些衰减和影响还是不断变化的。

2）干扰复杂

移动通信系统运行在复杂的干扰环境中，如外部噪声干扰（天线干扰、工业干扰、信道噪声）、系统内干扰和系统间干扰（邻道干扰、互调干扰、交调干扰、共道干扰、多址干扰和远近效应等）。如何减少这些干扰的影响，也是移动通信系统要解决的重要问题。

3）频谱资源有限

考虑到无线覆盖、系统容量和用户设备的实现等问题，移动通信系统基本上选择在特高频 UHF（分米波段）上实现无线传输，而这个频段还有其他的系统（如雷达、电视、其他的无线接入），移动通信可以利用的频谱资源非常有限。随着移动通信的发展，通信容量不断提高，因此，必须研究和开发各种新技术，采取各种新措施，提高频谱的利用率，合理地分配和管理频率资源。

4）用户终端设备（移动台）要求高

用户终端设备除技术含量很高以外，对于手持机（手机）还要求体积小、重量轻、防震动、省电、操作简单、携带方便；对于车载台，还应保证在高低温变化等恶劣环境下也能正常工作。

5）要求有效的管理和控制

由于系统中用户终端可移动，为了确保与指定的用户进行通信，移动通信系统必须具备很强的管理和控制功能，如用户的位置登记和定位、呼叫链路的建立和拆除、信道的分配和管理、越区切换和漫游的控制、鉴权和保密措施、计费管理等。

2. 移动通信的分类

移动通信主要有以下分类：

（1）按使用对象可分为民用设备和军用设备；

（2）按使用环境可分为陆地通信、海上通信和空中通信；

（3）按多址方式可分为频分多址（FDMA）、时分多址（TDMA）和码分多址（CDMA）；

（4）按覆盖范围可分为广域网和局域网；

（5）按业务类型可分为电话网、数据网和综合业务网；

（6）按工作方式可分为同频单工、异频单工、异频双工和半双工；

（7）按服务范围可分为专用网和公用网；

（8）按信号形式可分为模拟网和数字网。

1.2　铁路移动通信概述

1.2.1　移动通信在铁路中的应用

随着现代铁路运输的不断发展，对移动通信系统提出了越来越高的要求。移动通信系统对铁路，尤其是高速铁路至关重要。目前，全球铁路移动通信系统支持列车调度指挥、CTCS-3 级列车运行控制信息、列车调度指令、无线电列车号码查询信息，以及信令设备动态监测信息等应用服务。由于第四代移动通信技术的发展，在 GSM-R 通信系统基础上，高速铁路宽带移动通信系统（LTE-R）还可以为高速列车运行提供高速的信息传输通道、列车安全视频监控、列车状态监控和远程故障诊断、基础设施无线监控、应急业务处理和乘客信息服务等。

1）调度指挥与安全生产

铁路移动通信系统作为列车调度无线电通信系统的更新和更换，旨在支持各种移动语音通信，如区段业务移动、紧急救援、调车编组操作、车站无线通信等。同时，对移动和固定无线数据传输的要求，例如无线电列车号码传输、列车后端气压、机车状态信息、列车车轴温度检测、桥梁和隧道监控、铁路电源状态交叉保护与监测等，都需要在铁路无线通信中得到解决。安全信息分配和预警系统以移动列车为主体，确保在平交道口或车站铁路沿线施工、轨道维护中设备及人员的安全，从而减少事故。

2）列车运行控制安全防护

铁路移动通信在 CTCS-3 级列车运行控制系统中提供列车到基础设施的安全数据传输，为列车控制系统提供实时透明的双工传输通道，确保列车高速安全运行。同时，铁路移动通信系统还能够进行机车同步运行控制的安全数据传输，保证重载铁路多机车同步运行，提高运营效率。

3）铁路信息化

乘客被视为移动信息服务系统的主体，需要车载票务服务、移动电子商务和客运移动增值服务等。机车、车辆、集装箱等铁路网络中的移动体需要实时动态跟踪信息传输，为实时在线信息查询和各种管理信息系统提供移动传输通道。显然，铁路信息化是必然选择。图 1-2 为铁路信息化体系结构图，各系统在信息化体系中处于不同的层次并相互作用、相互支撑，构成了紧密相连的有机整体。

4）铁路移动互联网

铁路移动互联网被视为"互联网＋铁路"战略的组成部分，其发展将有助于加速互联网和铁路领域的深度融合，促进技术进步和效率提升，组织铁路运输改革，推动铁路部门的创新与生产，提高资源利用效率和精细化管理水平。在复杂多变的铁路环境中，为了实

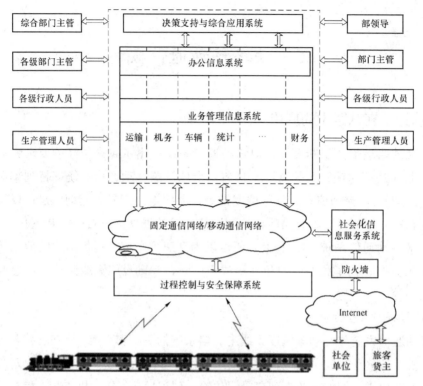

图 1-2　铁路信息化体系结构图

现大规模高速运行下的一些高级功能，如列车运行状态查询、铁路要素在线水平的提高和列车安全运行控制，具有大带宽特点的下一代铁路移动通信系统，高实时性、高可靠性是不可或缺的基础。

1.2.2　GSM-R 系统简介

全球铁路移动通信系统（GSM-R）是基于成熟、通用的公共移动无线通信系统 GSM 平台，专门为满足铁路应用而开发的数字式移动无线通信技术。目的是建立一个全面的话音和数据移动通信平台，并构建一个调度通信、列车控制、公共移动和信息传输的综合通信系统。该系统与铁路调度通信、列车控制、运营管理密切相关。充分利用移动通信技术，结合铁路运输的实际需要，形成覆盖全系统的铁路移动通信网络，为铁路运输提供一个移动的综合通信平台。

GSM-R 是专门为铁路通信设计的综合专用数字移动通信系统，它基于 GSM 的基础设施及其提供的语音调度业务（ASCI），其中包含增强的多优先级预占和强拆（eMLPP）、语音组呼（VGCS）和语音广播（VBS），并提供铁路特有的调度业务，包括功能寻址、功能号表示、接入矩阵和基于位置的寻址，并以此作为信息化平台，使铁路部门用户可以在此信息平台上开发各种铁路应用。图 1-3 为 GSM-R 系统的业务模型层次结构图。可以概括地说：

GSM-R 业务 ＝GSM 业务＋集群＋铁路特色功能

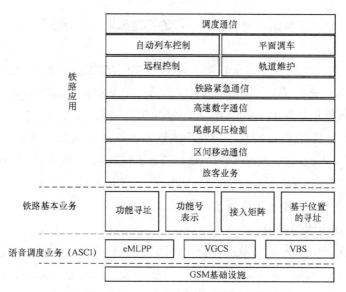

图1-3　GSM-R系统的业务模型层次结构图

简单归纳几点，GSM-R与GSM的关系主要体现在以下几个方面：

（1）GSM-R理论建立在GSM理论基础之上；

（2）GSM-R技术建立在GSM技术基础之上；

（3）GSM-R工业以GSM工业为基础；

（4）GSM-R工程建设以GSM工程经验为基础；

（5）GSM-R应用开发吸收GSM成功经验；

（6）GSM-R的市场是铁路专用，GSM的市场是公众商用。

1.2.3　GSM-R的发展

1. GSM-R在全球的发展

GSM-R通信系统的发展大致经历了三个阶段，即标准制定阶段、实验验证阶段和项目实施阶段。

1）标准制定阶段

1992年，国际铁路联盟（UIC）认为GSM正在逐渐成为移动通信的适用标准，并发现GSM技术可以为新的铁路移动数字通信系统提供一个理想的平台。通过可行性研究，1993年，欧洲铁路局决定引入GSM技术作为下一代铁路移动通信系统的基础，即GSM-R系统。在此基础上，UIC制定了相关标准和测试方法，建立了标准化的组织体系，制定了一系列铁路需求规范，并设计了业务功能、服务质量和电磁环境等指标。同时，GSM技术的不断更新为GSM-R的发展奠定了坚实的基础。

2）实验验证阶段

为了验证GSM-R系统的可靠性、移动性和兼容性，UIC成立了另一个专门的组织，包括铁路运营、设备制造商和研究机构，专注于GSM-R高速环境下的性能验证。1997—2000

年，GSM-R 系统分别在法国、意大利和德国的高速铁路上进行了严格的测试和验证。

3）项目实施阶段

自 1999 年以来，欧洲一些国家开始了 GSM-R 网络的运行测试和商业建设。瑞典是第一个正式使用 GSM-R 网络的国家。1999 年，第一个 GSM-R 网络在瑞典和丹麦的厄勒海峡大桥上建成投入使用。2001—2004 年间，德国实施了第一阶段建设；2005—2007 年，实施第二阶段。ETCS-2 系统在柏林—莱比锡的铁路上进行了试验，在 2005 年完成了调试，2006 年实现了商业化。2002—2003 年，意大利对 ETCS-2 系统和公共 GSM 进行了测试。2002—2005 年，实施了第一阶段。2003—2008 年，法国完成了基础建设。芬兰、挪威、英国、比利时和西班牙陆续开展了全国范围的 GSM-R 网络建设。

2. GSM-R 在中国的发展

我国 GSM-R 建设和发展服从《中长期铁路网规划》安排，分为三个阶段。第一阶段为青藏线、大秦线和胶济线的建设与试验。该阶段的主要任务是把 GSM-R 网络引入中国铁路并与中国铁路的具体应用相结合，再配套国内的自主研发开发成果，实现中国铁路特有的应用，证明 GSM-R 完全能够满足中国铁路的调度、运输和生产对移动通信网络的需求。该阶段的建设为 GSM-R 在中国铁路的全面推广应用积累了丰富的经验并打下了坚实的基础。第二阶段为客运专线建设，着重构建中国铁路 GSM-R 核心网络的中心节点，搭建网络骨架结构，并且以客运专线为主干线，建设相关的无线接入网络，为客运专线的各种铁路应用提供完整的网络服务。第三阶段为全国铁路 GSM-R 网络的形成与完善。随着新线的建设和既有线的改造，逐渐构建相关的无线接入网络，最终形成覆盖全国铁路的 GSM-R 网络。

3. 未来铁路移动通信的发展

移动通信系统是高速铁路重要的基础设施之一，承载着铁路调度指挥、列车运行控制、故障告警、危险告警、紧急救援等多种服务，为进一步保证高速铁路的安全和高效运行，实现便捷、舒适、绿色的交通运输，新的铁路移动通信服务不断涌现，如铁路多媒体调度指挥通信、远程视频监控、铁路基础设施监控、铁路物联网等。然而，目前铁路移动通信（GSM-R）的业务承载能力有限，不能满足新的高速铁路移动通信业务的需求。同时，随着移动通信技术和产业的快速发展，GSM 市场的规模缩小，对 GSM-R 产业链形成了强大的冲击。因此，发展铁路下一代移动通信系统，实现铁路移动通信系统升级，适应新业务发展的需要，已成为不可阻挡的趋势。中国铁路移动通信系统经历了从第一代模拟无线铁路调度系统到第二代铁路数字移动通信系统（GSM-R）的发展。GSM-R 系统已应用在青藏铁路、重载铁路、高速铁路和客运专线上。铁路通信设备运行状况表明，70 000 km 普铁模拟无线铁路调度系统需要升级。根据铁路通信行业预测，GSM-R 系统生命周期将在 2020 年左右结束。铁路移动通信系统面临着迫切的产业升级；而且，从窄带到宽带的演变已成为时代的潮流。中国中铁决定开发第三代宽带移动通信系统（LTE-R），制定了技术路线图，并提出了升级换代方案。随着铁路应用的不断发展，铁路应用系统在承载业务类型和带宽要求方面，对下一代通信系统的需求提出了更高的要求，这与 GSM-R 网络时代的需求有很大的不同。

第2章

GSM-R 系统结构

GSM-R 系统在 GSM 规范协议的基础上，增加了优先级、语音组呼、语音广播及铁路运输等专业的调度通信，满足铁路通信的需要。GSM-R 网络以 GSM 网络设施为基础，并引入 GPRS 和智能网设备，对相关硬件和软件进行了功能适配。GSM-R 业务系统除了具有语音传送功能外，还具有数据传送功能，通过与 GPS 卫星定位系统、机车车载计算机结合后能够实现机车和地面之间列车控制信息的实时传送，确保列车运行安全，并与铁路专用电话网、铁路各种 MIS 信息网络互联互通。

2.1 GSM-R 网络结构

GSM-R 网络主要由六个子系统组成：移动台（MS）、基站子系统（BSS）、移动交换子系统（SSS）、通用分组无线业务子系统（GPRS）、智能网子系统（IN），以及操作维护子系统（OSS）。

典型的 GSM-R 网络结构如图 2-1 所示。

GSM-R 网络结构在 GSM 系统结构的基础上引入了通用分组无线业务子系统（GPRS）与智能网子系统（IN），满足铁路移动通信的需求。

移动台（MS）是接入 GSM-R 网络的用户设备，包括有限终端和无线终端设备。移动台除了具有通过无线接口（Um）接入到 GSM-R 系统的一般处理功能外，还为移动用户提供了人机接口。

基站子系统（BSS）由一个基站控制器（BSC）和若干个基站收发信机（BTS）组成。BTS 主要负责与一定覆盖区域内的移动台（MS）进行通信，并对空中接口进行管理。BSC 用来管理 BTS 与 MSC 之间的信息流。BTS 与 BSC 之间通过 Abis 接口通信。BSS 中还可能存在编码速率适配单元（TRAU），它实现了 GSM-R 编码速率向标准的 PSTN 或 ISDN 速率的转换。TRAU 与 BSC 通过 Ater 接口连接。

网络子系统（NSS）建立在移动交换中心（MSC）上，负责端到端的呼叫、用户数据管理、移动性管理和与固定网络的连接。NSS 通过 A 接口连接 BSS，与固定网络的接口决定于互联网络的类型。

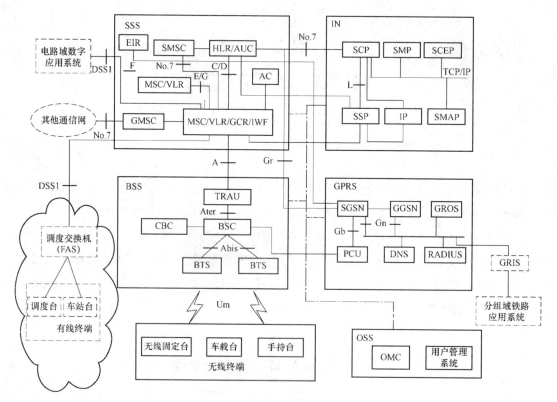

图 2-1 典型的 GSM-R 网络结构

操作维护子系统（OSS）是相对独立的子系统，为 GSM-R 网络提供管理和维护功能，它的具体功能由操作维护中心（OMC）来完成。其中，OMC-R 负责管理 BSS，OMC-S 负责管理 NSS。OSS 主要提供移动用户管理、移动设备管理、网络操作和控制三类功能。

任何 GSM-R 陆地移动通信网络都必须与固定网络连接，一同完成移动用户与移动用户之间、移动用户与固定用户之间的通信。组成 GSM-R 网络的各个子系统之间、BSS 与移动台及与固定网络之间的互联都提供了标准的接口。网络中的不同设备可以通过标准的接口来实现移动业务的本地和国际互联。

2.1.1 移动终端设备

GSM-R 系统属于铁路专用综合移动通信系统，主要用于铁路运输生产指挥和运输行政管理通信、列车控制安全信息传输和通用数据传输等。终端用户范围包括国家、地方及合资铁路运输业生产人员、运输行政管理人员及铁路公安等其他部门的人员，以及用于数据传输的各种数据终端。提供的主要功能可总结成以下几点：

（1）接口单元。连接设备内部有关单元，并为数据、话音应用业务提供接入接口。

（2）GSM-R 数据单元。在主控单元的控制下完成数据的收发（支持 GPRS 方式）。

（3）GSM-R 语音单元。在主控单元的控制下完成语音的收发。

辅助作用：记录单元具有对话音、承载业务信息及操作过程等记录和话音回放的功能；

MMI 实现人机信息的交互。

GSM-R 系统终端设备包括移动台和无线固定台，表 2-1 简单归纳出 GSM-R 终端设备类型及使用范围，除了调度终端、车站终端和有线电话外，其他终端设备均属于移动终端。这里主要介绍移动终端的构成、类型及功能。

表 2-1　GSM-R 终端设备类型及使用范围

终端设备类型	用户类型及范围
作业手持台（OPH）	用于列车上，以及车站、编组站、沿线区间及其他铁路作业区的各工种工作人员话音和数据通信
通用手持台（GPH）	用于铁路公务人员与铁路业务相关人员的话音和数据通信
调车手持台（OPS）	用于编组场调车作业话音和数据通信
固定无线台	用于区间、站场各类信息点、业务点通用数据传输或话音通信
机车综合通信设备	用于运营机车、救援机车、维修检测机车、编组场调车机车、轨道车等机车司机话音通信和通用数据传输
列控机车台	用于运营机车、救援机车、维修检测机车、编组场调车机车、轨道车等机车司机与地面控制中心之间的安全信息传输
机车同步操作机车台	用于分布动力重载列车本务机车和补机车之间的同步操作数据传输
汽车车载台	用于各工种维护维修用车辆的话音和数据通信
列尾通信设备	用于列车尾部风压及控制信息传输
调度终端	用于各工种调度员、值班室值班员的话音和数据通信
车站终端	用于车站（场）值班员、其他工种值班员的话音和数据通信
有线电话	需要纳入 GSM-R 网络的固定电话用户

移动终端由终端设备和 SIM 卡组成，终端设备可以完成话音编码、信道编码、信息加密、信息的调制和解调、信息的发送与接收。SIM 卡称为用户识别模块，它包含所有与用户相关的信息。使用 GSM-R 网络的移动台都需要插入 SIM 卡，只有当处理异常的紧急呼叫时，可以在不用 SIM 卡的情况下操作移动台。图 2-2 显示了移动终端的组成。

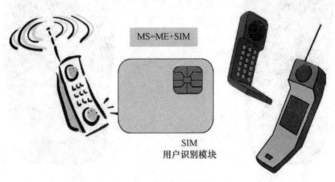

图 2-2　移动终端的组成

移动终端包括车载台（如机车台、汽车台）、手持台（如通用手持台、运营手持台），以及其他列控数据传输设备、列尾信息传输设备等。下面着重介绍车载台与手持台。

1. 机车综合无线通信设备（CIR）

CIR 设备放置在机车驾驶室中，供机车司机通信使用，如图 2-3 所示。CIR 是对无线列调机车电台、GSM-R 车载综合平台、800 MHz 安全预警机车设备、450 MHz 调度命令无线传送机车装置、列车尾部风压传送设备等进行统一规划和综合使用的设备。CIR 由主机、操作显示终端（MMI）、扬声器、打印终端、连接电缆、天线、射频馈线等组成。

图 2-3 CIR 设备

2. GSM-R 手持台

GSM-R 手持台与普通手机的主要区别在于它支持铁路特色业务，如语音呼叫、语音组播、语音广播、铁路紧急呼叫、功能号拨号等。

手持台分为作业手持台（OPH）和通用手持台（GPH），如图 2-4 所示。

(a) OPH

(b) GPH

图 2-4 手持台

OPH 主要用于列车、车站、编组场、沿线区间及其他铁路作业区各工种的工作人员进行话音和数据通信。GPH 主要用于各类管理人员、铁路业务相关的人员进行话音和数据通信。两种手持台的业务功能要求如表 2-2 所示。

表 2-2　GPH 与 OPH 手持台业务功能要求

种类	电信业务	通用手持台（GPH）	作业手持台（OPH）
语音传输	语音呼叫	必选	必选
	公众紧急呼叫	必选	必选
短消息业务	短消息 MT/PP	必选	必选
	短消息 MO/PP	必选	必选
	短消息小区广播	必选	必选
传真传输	第三类传真和语音交替	可选	可选
	自动第三类传真	可选	可选
语音组业务	语音组呼业务（VGCS）	必选	必选
	语音广播业务（VBS）	必选	必选

由于 OPH 的工作环境更为复杂和恶劣，因此对 OPH 的性能要求高于 GPH。

2.1.2　基站子系统（BSS）

BSS 是 GSM-R 系统网络中最基本的组成部分。它有两种基本组成设备，分别是基站收发信机（BTS）和基站控制器（BSC）。一台 BSC 可以管理多达几十个 BTS。此外，还有一种可选择设备——速率适配单元（TRAU）。在隧道等弱场区，为了提高无线信号强度，还需要配置直放站设备，如近端机、远端机、漏缆和天线等。

广义来说，基站子系统包含了 GSM-R 数字移动通信系统中无线通信部分的所有基础设施，它通过空中无线接口直接与移动台实现通信连接，同时又连到网络端的交换机，为移动台和交换子系统提供传输通路，因此，BSS 可以看作移动台与交换机之间的桥梁。BSS 系统的总体结构如图 2-5 所示。

从功能上看，BSS 通过无线接口直接与移动台相连，负责无线发送接收和无线资源管理；通过 A 接口与 NSS 相连，实现移动用户之间或移动用户与固定网用户之间的通信连接，并且传送系统信令和用户信息等。

1. 基站收发信机（BTS）

BTS 在网络的固定部分和无线部分之间提供中继，移动用户通过空中接口（Um 口）与 BTS 相连，BTS 通过内部 Abis 接口与 BSC 连接。BTS 包括收发信机和天线，以及与无线接口有关的信号处理电路等，它也可以看作是一个复杂的无线解调器。为了保持 BTS 尽可能简单，BTS 往往只包含那些靠近无线接口所必需的功能。

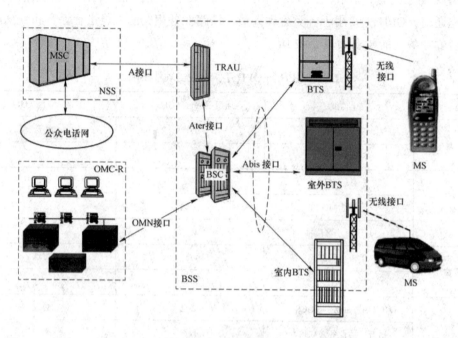

图 2-5　BSS 系统总体结构

BTS 由天线、耦合系统、收发信机（TRX）及基站公共功能（BCF）组成。其结构及功能如图 2-6 所示。

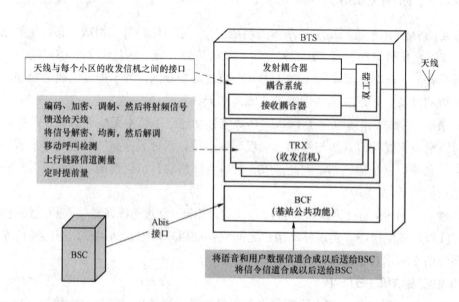

图 2-6　BTS 的结构及功能

其中天线负责将传送给移动台的信号电流转换成无线电波发出去，同时接收来自移动台的无线电波并转换为电流。

2. 基站控制器（BSC）

BSC 通过 BTS 和移动台的远端命令管理所有的无线接口，主要是进行无线信道的分配、释放及越区信道切换的管理等，起着 BSS 系统中交换设备的作用。BSC 由 BTS 控制部分、交换部分和公共处理器部分等组成。根据 BTS 的业务能力，一台 BSC 可以管理多达几十个 BTS。此外，BSS 还包括码型变换器 TC。基站控制中心 BSC 地位与作用如图 2-7 所示。

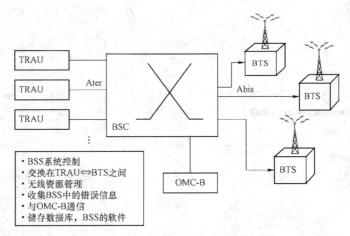

图 2-7　基站控制中心 BSC 地位与作用

BSC 的基本功能如下。

（1）无线呼叫处理：建立与释放无线链路和进行 MSC 和 BTS 之间的信道交换。

（2）无线资源管理：无线接入处理，无线信道分配（业务和信令），无线信道监控。

（3）业务集中管理：可以减少传送费用。

（4）短消息业务（小区广播管理）：向 OMC-R 所规定的目标小区广播短消息。

BSC 的主要 O&M 功能包括：OSS 接口管理，BTS 和 TCU 管理。

简单总结 BSC 的功能为：具有对一个或多个 BTS 进行控制的功能，主要负责无线网路资源的管理、小区配置数据管理、功率控制、定位和切换等，是个很强的业务控制点。

3. TRAU 结构及功能

TRAU 由编译码器、控制器和外部 PCM 接口组成。它通过 Ater 接口与 BSC 相连，通过 A 接口与 MSC 相连。码型变换器在实际应用中一般是置于 BSC 和 MSC 之间，因为 BSS 内使用 16 kbps 的 RPE-LTP（规则脉冲激励长期预测编码）编码方案，而 MSC 侧使用 64 kbps 的 PCM 编码方案，为了实现互通，必须要有一个设备进行码型转换。将 13 kbps 的话音（或数据）复用成多路传输，即转换成标准的 64 kbps 数据流。在 BTS 中，13 kbps 的话音（或数据）通过插入附加同步数据，使其和较低速率数据不同，插入数据后的速率变为 16 kbps；TRAU 将上述数据再转化为 64 kbps 的 T1 级 μ 律 PCM 时隙或者 E1 级 A 律 PCM 时隙。值得注意的是，TRAU 可以嵌入在基站子系统 BSS 内，和 BSC 合成在一个物理实体中，也可以进行远置，放在 MSC 侧。TRAU 的结构如图 2-8 所示。

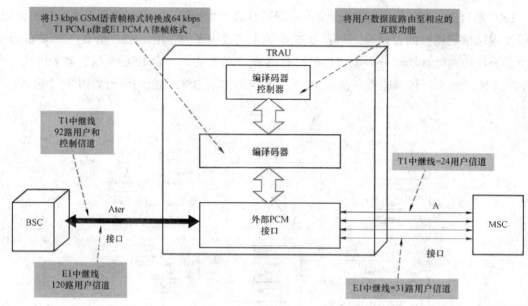

图 2-8　TRAU 的结构

4. CBC 小区广播中心

在 GSM-R 系统中，BSS 子系统增加了 CBC（小区广播中心）是为了实现小区广播的功能，由 CBC 控制 BSC 在某一个或者某一些小区发送小区广播，使这些区域的移动台都能收到小区广播。

2.1.3　移动交换子系统（SSS）

SSS 主要完成 GSM-R 系统的基本交换功能、呼叫接续功能，以及用户数据管理和移动性管理。提供基本话音呼叫业务和电路域数据传输业务。其中，话音呼叫业务包括：点对点话音呼叫（MS 之间、MS 与有线 FT 之间）、组呼、广播呼叫、多方通信、公众紧急呼叫。电路域数据传输业务包括：提供透明传输通道。如与列控 RBC 节点、机车同步操控地面节点之间进行互联，实现车—地、车—车之间数据信息传送。

移动交换子系统（SSS）包括实现 GSM-R 的主要交换功能的交换中心，以及管理用户数据和移动性所需的数据库。它由一系列功能实体构成，各功能实体间及 SSS 与 BSS 之间通过符合 CCITT（国际电报电话咨询委员会）信令系统 No.7 协议规范的 7 号信令网络互相通信。它的主要作用是管理 GSM-R 用户和其他网络用户之间的通信。

移动交换子系统由移动交换中心（MSC）、归属位置寄存器（HLR）、拜访位置寄存器（VLR）、鉴权中心（AUC）、设备识别寄存器（EIR）、互联功能单元（IWF）、组呼寄存器（GCR）、短消息服务中心（SMSC）等功能实体构成。

1）移动交换中心（MSC）

MSC 是 SSS 子系统的核心，SSS 主要完成 GSM-R 系统的基本交换功能、呼叫接续功能，以及用户数据管理和移动性管理。提供面向系统其他功能实体的接口、到其他网络的接口，以及与其他 MSC 互联的接口。实现对本 MSC 所属无线网络范围内的移动用户进行移动性管理、业务控制管理、连接管理、呼叫控制、话务转接等。MSC 的主要功能归类如下：

（1）处理用户呼叫的交换功能；

（2）协调自己所辖区域的呼叫，特别是寻呼移动台的功能；

（3）与 BSS 协作动态分配接入资源；

（4）监督 BSS 与 MS 之间的无线连接；

（5）进行呼叫的统计；

（6）作为短消息网关，连接用户与短消息服务中心。

2）归属位置寄存器（HLR）

HLR 是系统的中央数据库，存放与用户有关的所有信息，包括用户的 MSISDN、用户类别、漫游权限、IMSI、Ki、基本业务、补充业务及当前位置信息等，从而为 MSC 提供建立呼叫所需的路由信息。一个 HLR 可以覆盖几个 MSC 服务区甚至整个移动网络。HLR 中永久存储了移动用户的静态数据信息和部分临时动态数据信息。静态信息包括用户的 IMSI、MSISDN、业务限制信息、补充业务信息、承载业务和能力定义、鉴权信息等；动态信息则主要是用户位置信息等。

一个 GSM-R 网络中可以有不止一个 HLR，它的数量决定于用户的数量、设备的容量和网络的组织结构。HLR 的任务与用户数据存储可以用图 2-9 表示。

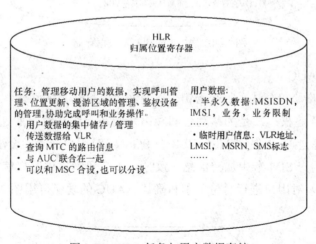

图 2-9　HLR 任务与用户数据存储

3）拜访位置寄存器（VLR）

VLR 是一个动态数据库，负责存储进入该控制区域内的移动用户的相关信息，为移动用户提供呼叫接续的必要数据。VLR 存储了进入其覆盖区的所有用户的信息，为已经登记的移动用户提供建立呼叫接续的条件。VLR 是一个动态数据库，需要与有关的归属位置寄存器 HLR 进行大量的数据交换以保证数据的有效性。当用户离开该 VLR 的控制区域，则重新在另一个 VLR 登记，原 VLR 将删除临时记录的该移动用户数据。在物理上，MSC 和 VLR 通常合为一体。

VLR 的主要功能：负责存储属于本 MSC 网络下的移动用户数据。类似于 MSC 的内存，由于 VLR 与 MSC 之间有大量的数据需要存取，为了提高移动管理和呼叫建立的速度，VLR 总是与 MSC 实现功能综合，两个采用内部接口直接集成。VLR 的功能及数据存储可以用图 2-10 表示。

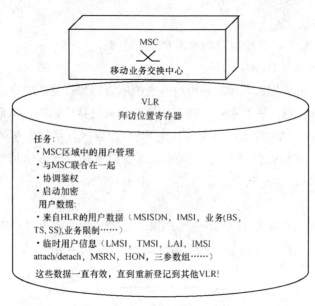

图 2-10　VLR 的功能及数据存储

4）鉴权中心（AUC）

AUC 是存储用户鉴权算法、加密密钥，以及产生鉴权信息的网元。AUC 的主要功能一是对用户的身份进行鉴权；二是为移动台和网络之间在无线链路上的通信进行加密。AUC 将鉴权和加密数据通过 HLR 发往 MSC/VLR 及 SGSN，对用户接入的合法性进行鉴权。AUC 中存储信息与移动用户 SIM 卡中加密信息一致时，AUC 负责提供鉴权信息，供网络设备（主要是 MSC 和 SGSN）对用户进行身份鉴别和确认。AUC 的功能可用图 2-11 表示。

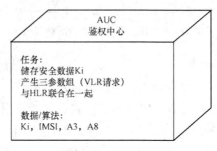

图 2-11　AUC 功能

5）设备识别寄存器（EIR）

EIR 存储与移动台设备有关的参数，可以对移动设备进行识别、监视和闭锁等，防止未经许可的移动设备使用网络。设备识别寄存器（EIR）是 NSS 中的一个逻辑实体，它包含一个或几个数据库，用来存储移动设备识别号（IMEI）。这些 IMEI 号被分为三类：白名单、黑名单和灰名单。有效的 IMEI 号在"白名单"上，异常的 IMEI 号在"灰名单"上，被禁止使用的 IMEI 号在"黑名单"上（如被偷窃盗用的 IMEI 号）。一个 IMEI 号也有可能不在任何名单上。网络根据用户的 IMEI 号所在的名单来决定是否为用户提供服务。

6）互联功能单元（IWF）

IWF 负责在 GSM-R 网络与固定网络的数据终端之间提供速率和协议的转换，具体功能取决于互联的网络类型和互联的业务。IWF 常与 MSC 在同一个物理设备中实现，提供 GSM-R 网络与其他固定网络的互联，通过不同的硬件板卡或软件驱动实现。IWF 在 GSM-R 网络中的作用可由图 2-12 表示。

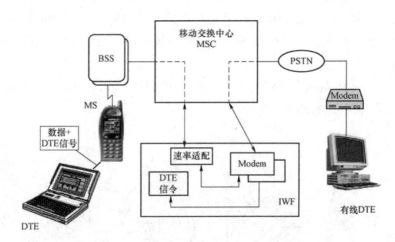

图 2-12　IWF 在 GSM-R 网络中的作用

7）组呼寄存器（GCR）

组呼寄存器（GCR）用于存储移动用户的组 ID、移动台利用语音组呼（VGCS）参考和语音广播（VBS）参考发起呼叫的小区信息，以及发起呼叫的 MSC 是否负责处理呼叫的指示。

8）短消息服务中心（SMSC）

短消息服务中心（SMSC）负责从 MSC 接收、存储用户短消息信息，以及通过 MSC 向用户转发短消息信息，即向 MSC 传送短消息信息。

短消息系统针对铁路业务的可扩展业务包括：

（1）铁路信息查询业务，如列车到发时刻、票务查询；

（2）铁路政策、法规、业务等宣传；

（3）铁路内部信息发送；

（4）提供与 GPS 系统的标准接口，支持 GPS 业务及 Wap、Internet 业务；

（5）提供 API 接口，支持增值业务的二次开发。

9）确认中心（AC）

AC 是 GSM-R 网的特殊部件，负责记录、存储铁路紧急呼叫相关信息。

2.1.4 通用分组无线业务子系统（GPRS）

通用分组无线业务（GPRS）是在 GSM 技术基础上提供的一种端到端分组交换业务。负责为无线用户提供分组数据承载业务，GPRS 系统基于标准的开放接口，与已有的 GSM-R 电路交换系统有很多交互接口。

GPRS 被引入到铁路 GSM-R 系统中，使得移动通信与数据网络合二为一，为铁路数据业务的开展提供了空间。比如铁路也存在许多数据应用的需求，需要解决车地之间、现场与数据中心之间的数据传输，如书面调度命令传输、无线车次号传输、旅客信息服务、移动互联网接入等。这些业务的特点是业务点分散、非周期间断数据传输、频繁小容量数据传输及个别大容量数据传输，有些业务点同时又是移动的。在 GSM-R 网络中应用 GPRS 系统，具有通信实时性好、数据量大、免维护、高可靠性等明显优势，能够以无线方式实现数据传输。

GPRS 与 GSM-R 是两个不同的网络，但具有相似性和对称性，它们共用基站和 HLR 设备等，两个网络的对比如图 2-13 所示。

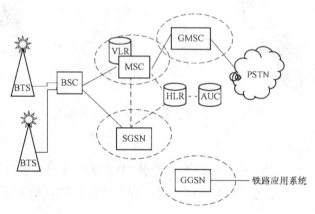

图 2-13　GSM-R 网络与 GPRS 网络对比

铁路 GPRS 从公众网络中引入，但又与公众 GPRS 网络要求不同，主要表现在：公众 GPRS 网络用户多数处于静止状态或者缓慢移动状态，传送信息内容一般为公众服务信息，因此公众 GPRS 网络服务质量为"尽力而为"的信息传送，对可靠性、实时性要求不高。而铁路 GPRS 网络中的用户多处于移动状态下甚至高速移动状态，数据内容为铁路运输生产相关的信息，因而对可靠性、实时性要求高。所以，铁路 GPRS 网络与公众 GPRS 网络两者在网络结构、业务功能、参数设置上均有所不同。

　　GPRS 子系统主要由 GPRS 服务支持节点（SGSN）、网关支持节点（GGSN）、分组控制单元（PCU）、域名服务器（DNS）、认证服务器（RADIUS）、接口服务器（GRIS）、归属服务器（GROS）等节点组成。其中 GPRS 网络核心层由 SGSN、GGSN、DNS、RADIUS 等功能实体组成；GPRS 无线接入层由 PCU（分组控制单元）、基站、终端等组成。GPRS 无线接入层组网应充分利用 GSM-R 系统的设备资源，保护投资，与 GSM-R 系统共用频率资源。利用 GSM-R 系统的基站实现无线覆盖，不单独增加 GPRS 系统基站。

　　下面分别介绍各网络节点的作用。

1. 服务支持节点（SGSN）

　　SGSN 为移动台 MS 服务的 GPRS 支持节点，SGSN 主要负责移动台当前位置信息的登记，负责移动台和网络之间完成移动分组数据的存储与转发。其功能有：

　　（1）移动性管理；

　　（2）会话管理；

　　（3）用户数据管理；

　　（4）安全性；

　　（5）计费。

2. 网关支持节点（GGSN）

　　GGSN 为 GPRS 网络与外部数据网络提供互联的网关，实现路由选择、与外部网络协议转换等功能。

　　GGSN 是 GPRS 网络与外网的接口设备和分界线，对内负责 Gn 接口的信息交互，对外是一台路由器。GGSN 对内通过基于 IP 协议的 GPRS 骨干网与其他 GGSN 和 SGSN 相联，对外通过 IP 网络与其他网络互联。其功能有：

　　（1）网络接入控制功能：具有网络控制的信息屏蔽功能，可以选择哪些分组能够进入 GPRS 网络，以便保证 GPRS 网络的安全。

　　（2）维护路由表：实现路由选择和分组的转发功能。

　　（3）用户数据管理：实现对分组数据的过滤功能，能够存储、修改及删除用户数据，实现对用户分组数据的过滤。

　　（4）移动性管理功能：能够配合 SGSN 实现移动性管理的功能，主要是 MS 在不同的 SGSN 登录时的位置管理功能。

　　（5）其他功能：具有为 MS 动态分配 IP 地址的功能，或配置 DHCP（动态主机配置协议）服务器来实现动态分配 IP 地址的功能；GGSN 具有接入 RADIUS（远端拨入用户验证服务）服务器，实现用户认证的功能。

3. 分组控制单元（PCU）

　　PCU 是在 BSS 侧增加的一个处理单元，可以使 BSS 提供数据功能，控制无线接口使多个用户使用相同的无线资源。PCU 主要完成数据分组、无线信道的管理、错误发送检测和自动重发等功能。

4. 域名服务器（DNS）

在 Internet 上域名与 IP 地址之间是一一对应的，域名虽然便于人们记忆，但机器之间只能互相识别 IP 地址，它们之间的转换工作称为域名解析，域名解析需要由专门的域名解析服务器来完成。DNS（domain name server）就是进行域名解析的服务器，能够将网元域名转化成实际的 IP 地址。

铁路 GPRS 网络的域名解析主要有四个用途：

（1）在 PDP 上下文激活过程中，SGSN 将 APN 提交给 DNS 进行解析，获得用户所使用的 GGSN 的 IP 地址。

（2）在 SGSN 间路由区更新过程中，新的 SGSN 通过域名解析查找原 SGSN 的 IP 地址。

（3）实现系统各网元之间通信时，网元域名至网元 IP 地址间的解析。

（4）机车台、列尾主机等车载 GPRS 设备的域名至其 IP 地址的解析。

5. 认证服务器（RADIUS）

RADIUS 负责存储用户身份信息，对用户认证请求（用户名、密码）进行确认，给用户分配权限，完成用户的认证和鉴权功能；存储所有机车号、车次号与 IP 地址的映射表。

6. 接口服务器（GRIS）

GRIS 系统是 GSM-R 系统 GPRS 网络的标准应用设备之一，提供了 GPRS 网络与外部铁路专用网络间的接口，并对经过本网元的所有信息进行记录和存储，具备统计功能。GRIS 系统负责将铁路其他专用网络（如 CTC 网络）发给 GPRS 网络用户终端（主要是车载通信 CIR 设备）的信息进行记录后，转发给 GPRS 网络终端用户；并负责将 GPRS 网络终端用户发给其他专用网络的信息，通过 GRIS 系统进行存储后转发给外部目的网络。

按照规划，每个铁路局设置一套 GRIS。GRIS 是铁路信息化的重要组成设备之一，是连接 GPRS 网络与外部分组数据网，以及 CTC 的核心设备，实现了车地之间各种分组数据信息的高效与可靠传输。

GRIS 主要功能如下。

（1）调度命令转发：调度命令转发主要包括调度命令、行车凭证、调车作业通知单、调车请求、列车进路预告等信息类型的转发。其中调度员在列车调度台上发送的调度命令信息包括调度命令、行车凭证、调车作业通知单；车站值班员在终端上发送的调度命令信息包括行车凭证、调车作业通知单；列车进路预告信息由 CTC/TDCS 自动生成；调车请求信息由司机按调车请求键发送。

（2）无线车次号校核信息：无线车次号信息是 GSM-R 网络为铁路运输提供的一个主要业务。CIR 设备在 GSM-R 网络中开机后，获得司机注册的车次号信息（CIR 非监控模式）或从车载设备读取车次号信息（CIR 监控模式），并通过 GSM-R 的 GPRS 向 CIR 设备发送 GRIS 的 IP 地址。

（3）告警提示功能：当 GRIS 与其他设备之间发生通信异常时，可自动发出声光告警和信息提示。

（4）日志记录和管理功能：应对所有运行数据和操作进行记录，并能根据需要查询和统计并生成报表。

7. 归属服务器（GROS）

GROS 系统是 GPRS 子系统网络的重要应用网元。GROS 的主要功能有：

（1）为机车提供当前归属 GRIS 的 IP 地址信息；

（2）当 CIR 机车用户跨界，进入非当前 GRIS 管辖范围时，由 GROS 向 CIR 设备发送 GRIS 地址更新指令，更新当前归属 GRIS 地址信息。

按照规划，GROS 系统为全路共用设备，应满足地理异步冗余备份功能需要，全路设置两个 GROS 系统，安装在不同地理位置内，异地利用数据同步方式保持数据一致性，采用主备方式工作。

2.1.5　智能网子系统（IN）

智能网子系统是一种附加在移动交换网基础之上的业务网。其基本思想是依靠 No.7 信令网和 SCP 大型数据库的支持，将网络的交换和控制功能相分离。通过简化交换机的软件，使交换机只完成基本的接续功能，而由智能网中的 SCP 业务控制节点根据智能业务的业务逻辑完成呼叫的接续步骤。

智能网的引入可以快速、经济、灵活和方便地提供铁路应用的各种新业务，可减少对 GSM-R 网络的改造。使得 GSM-R 网络能够方便地实现功能寻址、位置寻址等铁路专有业务，并有利于解决不同厂家设备组网环境下业务漫游的问题，支持可变长度的功能号等注册业务。

图 2-14 表示了智能网在 GSM-R 网络中的作用与地位。通过在交换子系统中引入的智能网功能实体，实现对呼叫的智能控制。主要目的是实现操作的便捷程度和智能程度。

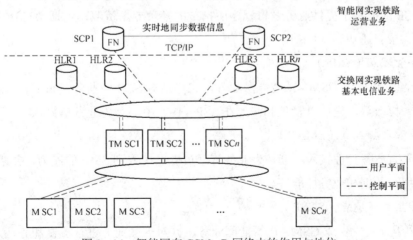

图 2-14　智能网在 GSM-R 网络中的作用与地位

智能网的主要网络节点包括：GSM 业务交换点（gsmSSP）、GPRS 业务交换点（gprsSSP）、

23

业务控制点（SCP）、智能外设（IP）、业务管理点（SMP）、业务管理接入点（SMAP）、业务生成环境点（SCEP）等。连接 GSM-R 智能网节点的网络包括：No.7 信令网、数据传送网、话音网等。

1. 智能网中各主要节点的功能

1）GSM 业务交换点（gsmSSP）

gsmSSP 具有业务交换功能，作为 MSC 与 SCP 之间的接口，可检测出 GSM-R 智能业务的请求，并与 SCP 进行通信，对 SCP 的请求做出响应，允许 SCP 中的业务逻辑控制呼叫处理。

2）GPRS 业务交换点（gprsSSP）

gprsSSP 具有业务交换功能，作为 SGSN 与 SCP 之间的接口，可检测出 GPRS 智能业务的请求，并与 SCP 进行通信，对 SCP 的请求做出响应，允许 SCP 中的业务逻辑控制呼叫处理。

3）业务控制点（SCP）

SCP 具有业务控制功能，包含 GSM-R 智能网的业务逻辑，通过对 SSP 发出的指令，完成对智能网业务接续和计费的控制，以实现部分铁路特定的业务。同时还具有业务数据功能，包含用户数据和网络数据，供业务控制功能在执行 GSM-R 智能网业务时实时提取。

SCP 一般由小型机、高性能微机和大型实时数据库组成。要求具有高度的可靠性，每年的服务中断时间不得超过 3 min。配置至少是双备份的，具有与容灾备份系统的接口，可以在线增加新业务，在线接收 SMP 对现有业务的修改和删除并可在线进行硬件设备扩容。主备倒换时，不影响已经进入稳定状态的呼叫。

4）智能外设（IP）

IP 在 SCP 的控制下提供业务逻辑程序所指定的各种专用资源，包括 DTMF 接收器、信号音发生器、录音通知等。

5）业务管理点（SMP）

SMP 能配置和提供 GSM-R 智能网业务，它包括对 SCP 中业务逻辑的管理，用户业务数据的增删、修改等，也可以管理和修改在 SSP（IP）中的有关业务信息。

6）业务管理接入点（SMAP）

SMAP 具有业务管理接入功能，为业务管理员提供接入到 SMP 的能力，并通过 SMP 来修改、增删用户数据和业务性能等。

7）业务生成环境点（SCEP）

SCEP 用于开发、生成 GSM-R 智能网业务，并对这些业务进行测试和验证，并将验证后的智能网业务的业务逻辑、管理逻辑和业务数据等信息输入到 SMP 中。

图 2-15 表示了智能网子系统的构成。

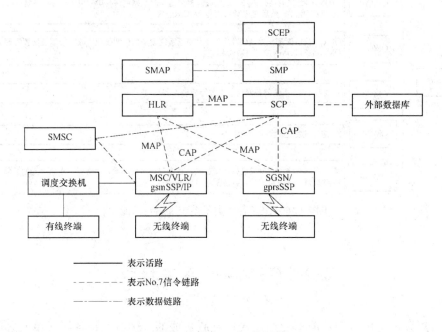

图 2-15　智能网子系统的构成

2. 智能网提供的业务

（1）基本业务：功能号注册、注销与管理、功能寻址、位置寻址、精确位置寻址、基于 MSISDN 呼叫限制。

（2）扩展业务：基于位置的呼叫限制、基于号码的呼叫限制短信智能业务、自动获取调度中心 IP 地址。

2.1.6　操作维护子系统（OSS）

OSS 是操作人员与系统设备之间的中介，它实现了系统的集中操作与维护，完成了包括移动用户管理、移动设备管理及网络操作维护等功能，OSS 一侧与设备相连（不包括 BTS，对 BTS 的操作维护通过 BSC 进行管理），另一侧作为人机接口的计算机工作站。这些专门用于操作维护的设备被称为操作维护中心 OMC。系统的每个组成部分都可以通过特有的网络连接至 OMC，从而实现集中维护。

根据所操作维护对象的不同，OSS 分为无线网络管理子系统（OMC-R）、交换网络管理子系统（OMC-S）、GPRS 管理子系统（OMC-G）、FAS 管理子系统（OMC-F）和隧道设备管理子系统（OMC-RF），各分类子系统及主要功能见图 2-16。

OSS 主要包括网络管理系统和用户管理系统。网络管理系统主要包括五种功能：安全管理、配置管理、故障管理、告警管理、性能管理。用户管理系统主要管理本网用户的相关数据，提供开户、销户及用户业务权限更改等操作功能。

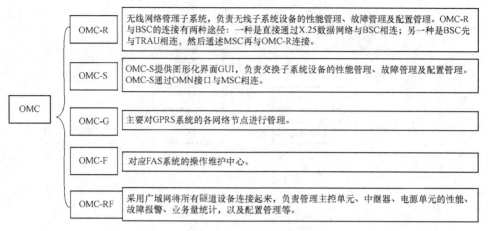

图 2-16　OSS 各分类子系统及主要功能

2.2　GSM-R 系统接口

GSM-R 系统是由多个功能单元通过接口互联构成的。接口就是各组成单元之间物理上和逻辑上遵守一定协议的连接。在 GSM-R 系统中主要的接口有：无线接口（Um）、Abis 接口、Ater 接口、A 接口、网络交换子系统内部接口、PSTN/ISDN/PSDN 接口和 GPRS 子系统中的接口。各接口分类如图 2-17 所示。

图 2-17　GSM-R 系统中各接口分类

下面将具体介绍每个接口的情况。

1. Um 接口

Um 接口（空中接口）定义为移动台与基站收发信台（BTS）之间的通信接口，用于移动台与 GSM 系统的固定部分之间的互通，其物理链接通过无线链路实现。此接口传递的信息包括无线资源管理、移动性管理和接续管理等。无线接口的不同是数字移动通信网与模拟移动通信网主要区别之一。

Um 是完全标准化的接口，也称开放式接口，来自不同厂商所生产的 MS 和 BTS 之间都可以通过标准化的 Um 接口连接。

2. 基站子系统内部接口

1）Abis 接口

Abis 接口定义为基站子系统（BSS）中的两个功能实体基站控制器（BSC）和基站收发信台（BTS）之间的通信接口，用于 BTS（不与 BSC 并置）与 BSC 之间的远端互联方式，物理链接通过采用标准的 2.048 Mbps 或 64 kbps PCM 数字传输链路来实现。其接口特性如图 2-18 所示。

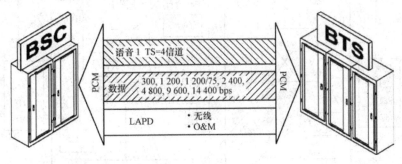

图 2-18　Abis 接口特性

这里需要注意的是，Abis 接口并不是完全的标准化接口，不存在专有的互操作性；由于空中接口上，单路语音编码速率为 13 kbps，而有线接口中单时隙的最低速率为 64 kbps。因此在无线接口到有线接口间传输话音信息时，需要将话音以每时隙 4×16 kbps 的速率扩充后进行传输；在有线接口到无线接口传递语音时，需对语音信号进行速率映射匹配。

2）Ater 接口

Ater 接口位于 BSC 和 TRAU 之间，用于处理 BSC 和 TRAU 之间的消息，同时支持 16 kbps 的语音与数据通道，根据 CCITT No.7（CCS7）保留有信令通道，并定义 BSC 与 TRAU 之间的信令链路为 LAPD，同时通过 MSC 到 OMC-R 可实现网络数据管理功能。以 E1 或者 T1 的速率物理接入，可承载 120 路 E1 通信话路或 92 路 T1 通信话路。Ater 接口的基本特性及功能可简单以图 2-19 表示。

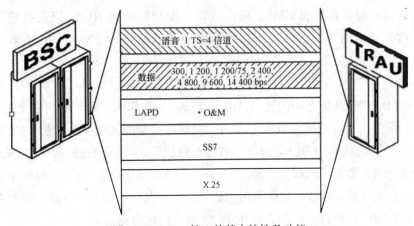

图 2-19　Ater 接口的基本特性及功能

3. 网络交换子系统内部接口

网络交换子系统内部接口如图 2-20 所示。

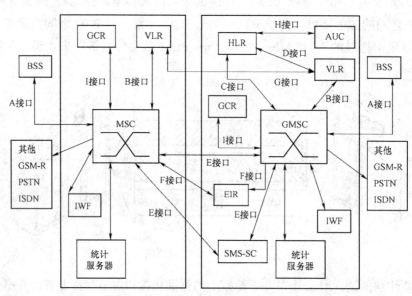

图 2-20　网络交换子系统内部接口

1）B 接口

B 接口是 MSC 与 VLR 之间的接口。VLR 当移动台在相应的 MSC 控制区域内进行漫游时起定位和管理数据库功能。MSC 可以向 VLR 查询和更新移动台的当前位置。当用户使用特殊的附加业务或改变相关业务时，MSC 将通知 VLR。需要时，相应的 HLR 也要更新。MSC 和 VLR 在物理实体上是集成在一起的，属于内部接口。

2）C 接口

C 接口是 MSC（GMSC）与 HLR 之间的接口。它主要用于传递管理与路由选择信息。当呼叫结束时，相应的 MSC 向 HLR 发送计费信息。当固定网不能查询 HLR 以获得所需移动用户位置信息时，有关的 GMSC 就应查询此用户归属的 HLR，以获得被呼移动台的漫游号码，再传递给固定网。C 接口的物理链接通过标准的 2 M 的 PCM 数字传输链路实现。

3）D 接口

D 接口是 HLR 与 VLR 之间的接口，用于移动台位置和用户管理的信息交换。为支持移动用户在整个服务区内发起或接收呼叫，两个位置寄存器间必须交换数据。VLR 将归属于 HLR 的移动台当前位置通知 HLR，再提供该移动台的漫游号码；HLR 向 VLR 发送支持该移动台服务所需的所有数据。当移动台漫游到另一个 VLR 服务区时，HLR 应通知原来的 VLR 消除移动台的有关信息。当移动台使用附加业务或改变某些参数时，也要用于 D 接口交换信息。D 接口的物理链接通过标准的 2 M 的 PCM 数字传输链路实现。

4）E 接口

E 接口是移动交换中心之间的接口，在两个 MSC（GMSC）之间交换有关越区切换信息。当移动台在通话过程中从一个 MSC 服务区移动至另一个 MSC 服务区时，为维持连续通话，要进行越区切换。此时，在相应 MSC 之间通过 E 接口交换切换过程中所需的信息。

5）F 接口

F 接口是 MSC 与 EIR 之间的接口，用于在 MSC 与 EIR 之间交换有关移动设备的管理信息，例如国际移动台设备识别码等。F 接口的物理链接通过标准的 2 M 的 PCM 数字传输链路实现。

6）G 接口

G 接口是 VLR 之间的接口，当某个移动台使用临时移动台号码（TMSI）在新的 VLR 中登记时，通过 G 接口在 VLR 之间交换有关信息。此接口还用于从登记 TMSI 的 VLR 中检索用户的国际移动用户识别码 IMSI。

7）H 接口

H 接口是 HLR 与 AUC 之间的接口，通过此接口，对移动台发来的 IMSI 进行鉴权和身份认证。HLR 和 AUC 在物理实体上是集成在一起的，属于内部接口。

8）I 接口

I 接口是 MSC 与 GCR 之间的接口，主要用于发起 VGCS 和 VBS 呼叫时，通过 GCR 来确定相关的主呼属性。

4. GPRS 子系统内部接口

GPRS 子系统内部接口主要包括 Gn/Gi/Gb 接口。

1）Gn 接口

Gn 接口为同一 PLMN 中 SGSN 与 SGSN 间的接口，以及 SGSN 与 GGSN 之间的接口。支持用户数据和有关信令的传输，支持移动性管理 MM，采用 TCP/IP 协议。Gn 提供数据和信令接口，在基于 IP 的骨干网中，Gn 接口使用 GPRS 通道协议 GTP。

2）Gi 接口

Gi 接口为 GPRS 与外部分组数据网之间的接口，GPRS 通过 Gi 接口和各种公众分组网，如 Internet 或 ISDN 网实现互联，所有用户和控制平面的功能都基于终端 IP 层之上来处理，所有 3GPP 范畴的终端移动性能终结在 Gi 接口前处理，在 Gi 接口上需要进行协议的封装/解封装、地址转换（如私有网 IP 地址转换为共有网 IP 地址）、用户接入时的鉴权和认证等操作。

3）Gb 接口

Gb 接口是 SGSN 和 BSS 间的接口。通过该接口，SGSN 完成与 BSS 系统、MS 之间的通信，以完成分组数据传送、移动性管理、会话管理方面的功能。该接口是 GPRS 组网的必选接口。

5. A 接口

A 接口定义为网络子系统（NSS）与基站子系统（BSS）之间的通信接口，从系统的功能实体来说，就是移动业务交换中心（MSC）与基站控制器（BSC）之间的互联接口，其物理链接通过采用标准的 2 M PCM 数字传输链路来实现。此接口传递的信息包括移动台管理、基站管理、移动性管理、接续管理等。

6. PSTN/ISDN/PSDN 接口

PSTN/ISDN/PSDN 接口是 MSC、公共交换电话网络（PSTN）、综合业务数字网络（ISDN）和分组交换公共的数字网络（PSDN）之间的接口。GSM-R 系统通过 MSC 与这些公用电信网互联，其接口必须满足 ITU-T 和国家的相关接口和信令标准。

GSM-R 系统与 PSTN 和 ISDN 的互联方式采用 No.7 信令系统接口，其物理链接方式是通过 MSC 与 PSTN 或 ISDN 交换机之间的标准 2 M PCM 数字链路实现的。

2.3 GSM-R 网络区域划分

GSM-R 网络服务区是指所有 GSM-R 运营商提供的网络覆盖区域的总和。在物理上，它由若干个 MSC 服务区组成，而每个 MSC 服务区由若干个小区（CELL）组成。在逻辑上若干个小区归为一个位置区（LA）。

1. GSM 服务区

GSM 服务区是指移动用户可以通过 GSM 终端获得通信服务的所有区域，可由若干个 PLMN 服务区组成。

2. PLMN 服务区

PLMN（Public Land Mobile Network，公共陆地移动网络）服务区是由一个公用陆地移动通信网提供通信业务的地理区域。一个 PLMN 区可由一个或若干个 MSC 区组成。在该区域内具有共同的编号制度和共同的路由计划。如我国的中国移动、中国电信、中国联通等，均有各自的 PLMN 网络及编号。

3. MSC 服务区

一个 MSC 服务区是指由该 MSC 所覆盖的服务区域，是指和该 MSC 相连的所有 BSC 所控制的 BTS 的覆盖区域的总和，位于该区域的移动台均在该服务区的拜访寄存器（VLR）中进行登记。因此，在实际网络中，MSC 总是和 VLR 集成在一起，在网络中形成一个节点。

4. 位置区（LA）

每个 MSC/VLR 服务区又被划分为若干个位置区。在一个位置区内，移动台可以自由地移动，而不需要进行位置更新，因此一个位置区是广播寻呼消息的寻呼区域。一个位置区只能属于某一个 MSC/VLR，即位置区的划分不能跨越 MSC/VLR。利用位置区识别码（LAI），系统可以区别不同的位置区。

5. 小区（CELL）

一个位置区包括若干个小区，小区是指一个 BTS 所覆盖的全部或部分区域，是最小的可寻址无限区域，有时也称基站区。每个小区具有专门的识别码（CGI），它表示网络中的一个基本的无线覆盖区域。

GSM 网络中各种覆盖区域之间的关系如图 2-21 所示。

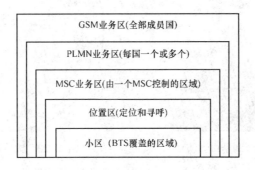

图 2-21　GSM 网络中各种覆盖区域之间的关系

2.4　GSM-R 网络规划

无线通信网络中如何通过合理的网络规划让更少的设备、资源投资获取更大的利益是网络规划的主要目的。GSM-R 网络规划主要有以下几个方面：核心网规划（移动交换子系统、智能网子系统、GPRS 子系统、GSM-R 与外网接口）、无线网规划（网络结构、无线覆盖、基站容量及频率配置、小区切换和小区重选）和传输网规划。

2.4.1　GSM-R 组网技术概述

1. 区域覆盖方式

移动通信网的区域覆盖方式可分为大区制和小区制两种。

1）大区制

大区制是指采用一个基站覆盖整个服务范围，完成服务区内移动通信的联络和控制。由于整个服务区域半径较大（半径为 30~50 km），需要架设较高的天线（几十米至上百米），如图 2-22 所示，增大信号发射功率，才能保证移动台可以接收到基站的信号。这种覆盖方式的优点是网络结构简单、经济，一般不需要交换设备（控制方式简单、设备成本低）。适用于用户密度不大或通信容量较小的系统，一般用户数只能有几百个。

但是，由于受到移动台发射功率的限制，基站无法收到较远处移动台发来的信号。为解决这个问题，可以在服务区内设若干分集接收点与基站相连，使移动台发出的信号经分集接收点转发至基站。大区制覆盖方式示意如图 2-23 所示。

在大区制中，服务范围仍然有限，频率不能重复使用，用户容量小，因此满足不了用户数日益增长的需要。如果用增大基站发射功率或增大其天线高度的办法来扩大服务范围，就有可能使电磁波辐射到不需要的地区，形成干扰并降低频率的有效利用。

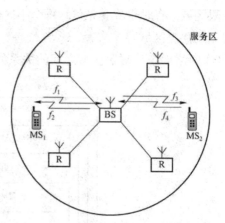

图 2-22　大区制基站　　　　　　　　图 2-23　大区制覆盖方式示意图

2）小区制

为了加大服务面积，从经济、实用及频率的有效利用的综合观点出发，可以将整个服务区划分成半径为 2～10 km 的许多小区域，在每一个小覆盖区设置一个基站，这种方式称为小区制。小区制覆盖方式示意如图 2-24 所示。

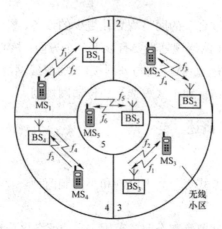

图 2-24　小区制覆盖方式示意图

小区制中，大的小区被分成若干个小区后，相隔一定距离的两个小区使用相同的频率组以实现各自区域内的通信联系，一个频率便可以重复使用多次，从而增加了单位面积上可供使用的频道数，提高了频率利用率。小区制在服务区内，随着用户数的增加，每个覆盖区还可以继续划小，以不断适应用户数增长的需要，组网比较灵活。但同时各小区的基站间要进行信息交换，需要增加交换设备，而且各基站间交换局需要有一定的中继线，这将使建网成本和复杂性增加。

2. 频率分配

1）GSM-R 工作频段

我国 GSM-R 共 4 MHz 频率带宽：885～889 MHz（移动台发，基站收），930～934 MHz

（基站发，移动台收）。

双工收发频率间隔 45 MHz，相邻频道间隔为 200 kHz。按等间隔频道配置的方法，共有21 个载频。频道序号从 999～1 019，扣除低端 999 和高端 1 019 作为隔离保护，实际可用频道 19 个。此频段为中国移动 GSM 的扩展频段，因此在线路穿越繁华地市时干扰严重（如胶济线）。根据《关于铁道部和中国移动共用 900 MHz 移动通信网频率资源问题的函》（信部无函〔2007〕136 号），自 2009 年底起，铁路 GSM-R 频段专用。

2）频率复用

频率资源始终是一项珍贵资源，如何提高频谱资源的利用效率是运营商、设备商和众多专家学者关注和研究的重要课题。提高频谱资源利用效率就是在有限的频谱资源范围内，在保证网络质量可以被接受的前提下，提高网络容量。在不考虑增加频率资源的前提下，提高GSM-R 的网络容量的途径主要有两个：一是小区分裂，通过增加基站密度，提高网络容量；二是频率复用技术。下面重点介绍频率复用技术。

频率复用技术，即小区之间在间隔足够远的情况下（干扰信号不至于影响有用信号的接收），可使用相同的频率，一般情况下把可用的 N 个频道分成 F 组，依次把F 组频道分配给相邻小区使用，如图 2-25 所示。其中每个小区的频道数约为 N/F 个。如果采用全向型天线，通常在每个小区的中心位置设立一个基站，称为 O 型站点；如果采用定向扇型天线，则通常在三个小区的交叉点上设立一个基站，称为 S 型站点，该站点覆盖相邻的三个小区。

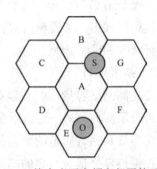

图 2-25　蜂窝小区中频率复用的示意图

在 GSM 系统中常采用 4/12 和 3/9 频率复用方式。

4/12 复用方式是把频率分成 12 组，并轮流分配到 4 个站点（A、B、C、D），每个站点可用 3 个频率组，按 4/12 方式复用的小区组成示意如图 2-26 所示。

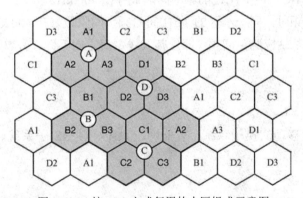

图 2-26　按 4/12 方式复用的小区组成示意图

按 3/9 复用方式时，即把有限的频率分成 9 组，并轮流分配到 3 个站点（A、B、C），每个站点可用到 3 个频率组，如图 2-27 所示。

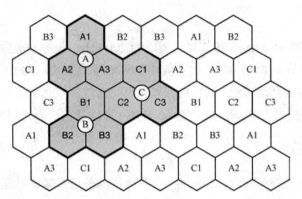

图 2-27　按 3/9 方式复用的小区组成示意图

从以上两种频率复用方式可看出，随着频率复用密度的增加，即频率分组的减少，频率的利用率就越高，用户数会增加，但是频率复用的间距也减少了，同时也带来了小区间的干扰，如载干比 C/I（当不同小区使用相同频率时，另一小区对服务小区产生的干扰）、C/A（在频率复用模式下，邻近频道对服务小区使用的频道产生的干扰）减小等。下面来讨论一下如何进行合理的频率规划。

3）频率规划

要提高网络容量，就必须对有限的频率资源进行重复使用。频率复用提高了网络容量，但又带来了新问题——通话质量的恶化。频率复用越紧密，带来的网络干扰也越大。如何取得网络容量和话音质量的平衡是频率规划必须解决的问题。也就是说，一个良好的频率规划可以在维持良好话音质量的基础上实现网络容量的提升。

在进行频率规划时，一般采用地理分片的方式进行，但需要在分片交界处预留一定频点（频率足够使用时）或进行频段划分。交界处的选择尽量避开热点地区或组网复杂区，通常从基站最密集的地方开始规划。不管采用何种方式进行频率规划，必须遵循以下原则：

（1）同基站内不允许存在同频、邻频频点；

（2）同一小区内 BCCH 和 TCH 的频率间隔最好在 400 kHz 以上；

（3）没有采用跳频时，同一小区的 TCH 间的频率间隔最好在 400 kHz 以上；

（4）直接邻近的基站应避免同频（即使其天线主瓣方向不同，旁瓣及背瓣的影响也会带来较大的干扰）。

2.4.2　核心网规划

核心网规划包括移动交换子系统、智能网子系统、GPRS 子系统、GSM-R 与外网接口等。

1. 移动交换子系统

1）GSM-R 核心网络设置

GSM-R 核心网络采用二级网络结构，包括移动汇接网和移动本地网。具体交换网设置及节点分配分别如图 2-28 和表 2-3 所示。

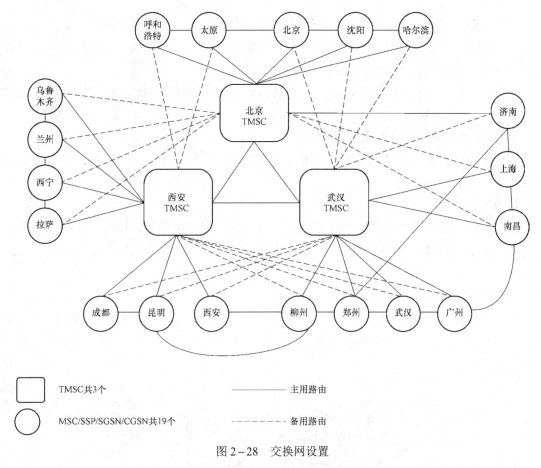

图 2-28　交换网设置

表 2-3　节点分配

大区汇接中心 TMSC（3 个，兼作 MSC 和 GMSC）	汇接的移动业务本地网端局 MSC（19 个，设在 18 个铁路局所在地及拉萨）
北京	北京、沈阳、太原、呼和浩特、哈尔滨、济南
武汉	武汉、上海、南昌、广州、郑州、柳州
西安	西安、昆明、成都、拉萨、西宁、兰州、乌鲁木齐

　　MSC 设置：规划在 18 个铁路局所在地及拉萨，设置 MSC，共计 19 个。具体工程建设时由铁道部统一归口管理 MSC 数量和设置地点。

　　网关局 GMSC：与 MSC 同址设置，作为与其他网间的互联互通点。网络建设初期由移动端局 MSC 兼任，当网络规模和业务量达到一定程度时，可考虑独立设置。

　　HLR 的设置：全路在北京和武汉设置 2 个 HLR，采用地理冗余成对配置，北京主用，武汉备用，成对的两个 HLR 间实时数据复制。容量按照全网 MSC 用户容量的 120%～150%进行配置，确定 HLR 容量为 80 万用户，远期可进行扩容。

短消息服务中心 SMSC：在北京、武汉分别设置 1 套 SMSC，并互为备用。根据全路 19 个 MSC 的用户容量，按每用户每天发送 3 条短信的话务模型，确定 SMSC 容量为 40 万 BHSM，远期可根据全路 GSM－R 系统建设的情况进行扩容。

紧急呼叫确认中心 AC：在 MSC 所在地各设置 1 套 AC 记录存储设备，对紧急呼叫的相关信息进行记录、储存。

2）固定用户接入交换系统设置

固定用户一般指调度员或者车站值班员，采用有线方式和 FAS 连接，FAS 再与 MSC 相连实现无线和有线的互通。

2. 智能网子系统

智能网规划包括业务控制点 SCP 的设置、业务交换点 SSP 设置，以及其他设备的设置。在北京、武汉各设置 1 套智能网设备，采用主备工作方式。其他核心网节点与 MSC 合设一套 SSP。

1）业务控制点 SCP 的设置

北京和武汉设置 2 个 SCP 节点，每个节点均采用硬件和软件冗余备份，2 个 SCP 节点间建立主备用关系，通过广域网实现高速互联，保证 SCP 数据实时同步。图 2－29 为 SCP 的异地容灾备份。

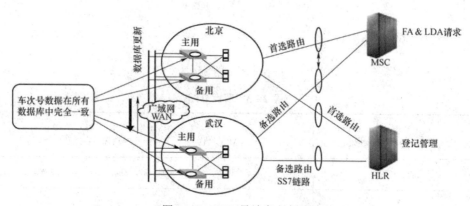

图 2－29　SCP 异地容灾备份

2）业务交换点 SSP 的设置

SSP 是受 SCP 指令控制起接续作用的部件，SSP 与 MSC 合设。

3. GPRS 子系统

GPRS 网络建设包括 GPRS 数据网和 GPRS 节点两部分。

GPRS 数据网分为骨干网和本地网两个层次。骨干层由北京、武汉、西安三个大区节点的骨干路由器组成。本地层由 19 个 GPRS 业务节点所在地的路由器组成，本地层路由器与骨干层路由器互联。为保证网络的可靠性，每个本地网节点的本地路由器成对设置，分别接入不同的骨干网节点。

GPRS 节点的设置：北京、武汉各设置一套全网 DNS 和 RADIUS 服务器，全路共享。

北京、武汉、西安设骨干层路由器，在铁路局所在地及拉萨等地新设 19 个 GPRS 节点（GGSN、SGSN）。

4. GSM-R 与外网的接口

主要包括以下接口：

（1）GSM-R 与列控系统 RBC 的接口；

（2）GSM-R 与同步操控系统地面应用节点的接口；

（3）GSM-R 与铁通 PSTN 专网交换机的接口；

（4）GSM-R 与 FAS 系统的接口；

（5）GSM-R 与 TDCS 及其他应用系统的接口。

2.4.3　无线网规划

1. 基站子系统组网方式

BSS 基站子系统有星型组网、链型组网、环型组网和树型组网。

（1）星型组网方式：星型组网时每个 SITE 上由 BSC 直接引入 n 条 E1 PCM 链路。每个站点上的 BTS 设备都是末端设备。这种方式组网简单，易于维护。信号经过环节少，线路可靠性较高，可用于城市人口稠密地区组网。

（2）链型组网方式：链型组网适用于一个站点多台 BTS 的情况，信号经过的环节较多，线路可靠性较差。适用于呈带状分布的、用户密度较小的地区，可以大量节省传输设备。实际工程组网时，由于站点的分散性，与基本组网方式不同的是在 BSC 和 BTS 之间常常需采用传输设备作为中间连接。常用的传输方式有：微波传输、光缆传输、HDSL 电缆传输和同轴电缆传输方式等。

（3）环型组网方式：环型组网有两套互为备用的链路。环中的每个节点都有两个上级节点，提高了链路的可靠性。如果一个 SITE 损坏或一条链路失效，则其下级节点可以选择另一条链路作为主用。

（4）树型组网方式：树型组网方式实际上是星型和链型混合组网方式。它适用于面积大，用户密度较低的地区，其组网方式复杂，经过环节多，线路可靠性高。由于站点的分散性，BTS 和 BSC 间通常会采用其他传输方式，如微波、光缆、HDSL 和同轴电缆等。

GSM-R 系统无线网络规划的目标是沿铁路线实现场强无缝连续覆盖并达到系统业务质量要求。在密集市区基站间距不大于 3 km，郊区基站间距不大于 5 km，开阔地基站间距一般为 6~7.5 km。铁路无线弱场强覆盖情况比较复杂，工程中应结合具体应用和现场情况合理选择方案，铁路沿线隧道、路堑等区域的无线覆盖多采用光纤直放站结合漏缆或天线来满足覆盖要求。在站房内、地下通道和旅客车厢内，可根据需要采用室内分布。

GSM-R 系统沿着路轨方向安装定向天线，以形成沿轨的椭圆形小区。在话务量较大但对速度要求较低的编组站内采用扇形小区覆盖；在人口密度不高的低速路段和轨道交织处一般采用全向小区覆盖。

为了满足铁路对系统安全性、可用性、可靠性和可维护性方面的要求，GSM-R 在网络上采用冗余覆盖的方式，常见的有单网交织冗余覆盖、同站址无线双层覆盖、交织站址无线双层覆盖。

2. 单网交织冗余覆盖

单网交织冗余覆盖，如图 2-30 所示，是指铁路沿线由一层无线网络进行覆盖，在系统设计时通过加密基站，使线路上的某个地点的基站出现故障时，该地点的场强仍然能够通过相邻基站得到保证，使得沿线业务应用不会因个别无线设备的故障而中断。

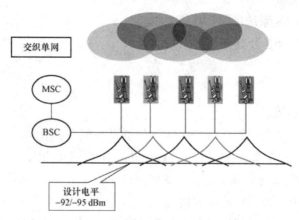

图 2-30　单网交织冗余覆盖

单网交织冗余覆盖网络所需的小区数在原有的单层网络上增加了一倍，因此将 GSM-R 的 19 个频点分为 8 组，如表 2-4 所示。由于实际应用中可能有一些特殊站型和特殊环境的应用，预留了三个频点 1001、1009、1017 号作为整个网络调整使用。

表 2-4　频率分组表

组号	1	2	3	4	5	6	7	8
频率分组	1000	1002	1005	1006	1010	1011	1014	1015
	1003	1004	1007	1008	1012	1013	1016	1018

频率分配的秩序可以按 1、3、5、7、2、4、6、8 的秩序进行，每个基站四载频，一个基站两扇区，每个扇区两个载频。每个小区配置两个载频，可保证同一小区和邻小区的频点不相邻。

3. 同站址无线双层覆盖

同站址无线双层网络是指两个基站并列设在同一站点，形成了铁路沿线的两个无线网络层，如图 2-31 所示，同一站点的两个基站安装在同一个机房内，有类似的覆盖区域。这种方式易于安装，还可降低安装成本，但未考虑容灾问题。如果某地发生灾害（如火灾、洪水、闪电等），同一站点的两个基站都会损坏，造成在某一路段内同时失去双层网络的覆盖。

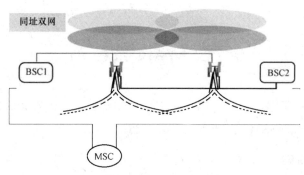

图 2-31　同站址无线双层网络

同站址无线双层网络的频率分配可在表 2-4 的基础上,对频率进行重新组合,如表 2-5 所示。

表 2-5　频率分组表

组号		频率重组	
1	3	1000,1003	1005,1007
5	7	1010,1012	1014,1016
2	4	1002,1004	1006,1008
6	8	1011,1013	1015,1018

4. 交织站址无线双层网络

与同站址方式不同,交织站址无线双层网络中的第二层基站位于一层两个连续的基站之间。如图 2-32 所示,每个基站有独立的机房和天馈系统。其优点是如果某地发生灾害,只有其中一个层失去覆盖,另外一层的服务不受影响。但与此同时也带来了小区规划复杂,以及站址和安装成本增加的问题。

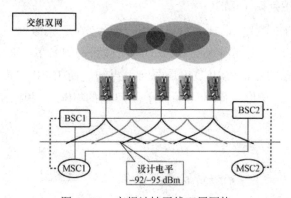

图 2-32　交织站址无线双层网络

网络的频率规划既可按单网交织冗余覆盖网络的方式进行,也可按同站址无线双层网络的方式进行,其等效的最大小区配置也是四载频。

2.5 GSM-R 系统编号

GSM-R 系统提供了多种号码，用于实现用户识别、设备识别和区域识别等功能。下面分别从 GSM 公共编号和 GSM-R 专有编号来介绍。

2.5.1 GSM 公共编号

1. 移动用户的 ISDN 号码（MSISDN）

MSISDN 号码是呼叫数字公用陆地蜂窝移动通信网中某一用户时，主叫用户所拨的号码。简单地说，其实就是我们的手机号码。手机号码组成为：MSISDN=CC+ISDN。

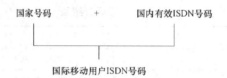

其中，CC 是国家码，我国的国家号码为 86。

ISDN 为国内有效 ISDN 号码，我国国内有效 ISDN 号码的结构为：

国内有效 ISDN 号码为一个 11 位数字的等长号码。

2. 国际移动用户识别码（IMSI）

IMSI 是在 PLMN 网中唯一识别一个移动用户的号码，它就像每一个用户的身份证一样。如果把 MSISDN 和 IMSI 对比起来看，MSISDN 就像我们的名字，而 IMSI 就像我们的身份证号码一样。值得注意的是，MSISDN 是面向用户的，而 IMSI 是面向网络的，网络通过 IMSI 号码来识别用户的身份。此号码存储于用户端的 SIM 卡和网络侧，它由 15 位数字组成：

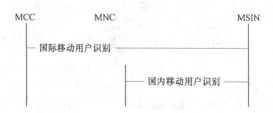

MCC 为移动国家号码，由 3 位数字组成，唯一地识别移动用户所属的国家。我国为 460。

MNC 为移动网号，由两位数字组成，用于识别移动用户所归属的移动网。

　　MSIN 为移动用户识别号码，是一个 10 位的等长号码，为 H1H2H3 9×××××。其中 H1H2H3 与 MSISDN 号码中的 H1H2H3 相同；9 代表 GSM 900 MHz；××××××为用户号码。

　　IMSI 用于 GSM 移动通信网所有信令中，存储在 HLR、VLR 和 SIM 卡。

3. 移动用户漫游号码（MSRN）

　　为什么要引入移动用户漫游号码 MSRN 呢？比如，我是深圳的用户，那么我所有的开户信息都是存储于深圳的 HLR 中，而我的激活信息是在 VLR 里的，这个 VLR 的位置跟我所在的物理位置一致。假设我现在到了上海，那么我的激活信息应该在上海的 VLR。这个时候，如果有一个寻呼找我，寻呼方怎么找到我呢？寻呼方不可能直接知道我漫游到了上海吧。所以寻呼方先通过号码分析找到我的归属地，即深圳的 HLR。HLR 永远知道我在哪里，然后就要求当前位置的 VLR，即上海的 VLR 分配一个路由信息，这个路由信息就是 MSRN。深圳的 HLR 获得了这个路由信息以后，反馈给寻呼方，寻呼方通过这个路由信息直接找到上海的 VLR。这样就建立了一条链路实现通信。

　　总结一下，MSRN 是在每次呼叫移动用户时，为了使网络再次选择路由，根据 HLR 的请求，由用户所处漫游地的 VLR 临时分配给移动用户的一个号码。该号码在接续完成后即可释放给其他用户使用。它的结构与 MSISDN 一样。

4. 临时移动用户识别码（TMSI）

　　GSM 系统提供了在空中接口传递 TMSI 代替 IMSI 的保密措施。TMSI 是由当前所属 VLR 为来访移动用户在鉴权成功后分配的一个临时用户识别码，TMSI 是一个 4 字节的 BCD 码，仅限在本地使用，由各 MSC/VLR 自行分配。该号码在呼叫完成后即可释放给其他用户使用。

5. 国际移动设备识别码（IMEI）

　　IMEI 号码用于唯一地识别一个移动台设备，而与使用该手机的 SIM 卡用户无关。在用户不用 SIM 卡做紧急呼叫时，IMEI 可被用作用户标识号码，这也是唯一将 IMEI 号码用于呼叫的情况。IMEI 号码是一个 15 位的十进制编码，共有四部分组成：IMEI＝TAC＋FAC＋SNR＋SP。

　　TAC 为型号批准码，由欧洲型号认证中心分配。

　　FAC 为工厂装配码，由厂家编码，表示生产厂家及其装配地。

　　SNR 为序号，由厂家分配，用于识别每个 TAC 和 FAC 中的某个设备。

　　SP 为备用号码，备作将来使用。

6. 位置区识别码（LAI）

　　LAI（Location Area Identification）代表 MSC 业务区的不同位置区，用于移动用户的位置更新，号码结构为：LAI＝MCC＋MNC＋LAC。其中，MCC 与 IMSI 中的相同，即为移动用户国家号码。MNC 为移动网号，用于识别国内的 GSM 网。LAC（Location Area Code）为位置区号码，用于识别一个 GSM 网中的位置区，是 2 个字节长的十六进制 BCD 码。

7. 全球小区识别码（CGI）

CGI（Cell Global Identifier）是用来识别一个位置区的小区，它是在位置区识别码（LAI）后加上一个小区识别码（CI）。CI 是 2 个字节长的十六进制 BCD 码，可由运营部门自定。

8. 基站识别色码（BSIC）

BSIC（Base Station Identity Code）主要用于识别不同的基站或扇区，特别用于识别在不同国家和国内不同网络边界地区的基站。通常，对于采用相同载频的不同相邻基站或扇区分配不同的 BSCI 码。

9. 移动用户切换号码（HON）

HON（Hand Over Number）同 MSRN 一样属于局数据范畴，HON 切换号码编码方案与 MSRN 类似，主要用于在移动用户做跨 MSC 切换时，当前 MSC 向新 MSC 申请切换成功后，新 MSC 将临时分配一个 HON 号码用于标识该次切换呼叫，当前 MSC 根据返回的 HON 号码分析，与被叫用户所在的新 MSC 建立通话话路，从而实现跨 MSC 切换呼叫。HON 号码在全网范围内的每个 MSC 交换机上唯一分配，不可重复。

2.5.2 GSM-R 专有编号

GSM-R 专有编号按照《GSM-R 数字移动通信网编号计划（V2.0）》（科技运〔2006〕119 号）执行。码号资源由数字、符号组成，用于实现电信功能的用户编号和网络编号，遵循国际标准对电信码号的长度、结构要求。我国铁路 GSM-R 网络包括以下类型的号码：

（1）国内 GSM-R 网络用户号码：用于同一国家 GSM-R 网络内注册的用户之间的呼叫。

（2）国际 GSM-R 网络用户号码：用于不同国家 GSM-R 网络内注册的用户之间的呼叫。

（3）短号码：用于 GSM-R 网络内快速拨号。

（4）引示号：用于 GSM-R 网络用户呼叫其他网络用户的分隔码。

（5）移动用户及固定用户号码：用于 GSM-R 网络用户之间、其他通信网络的用户与 GSM-R 网络用户之间的呼叫。

（6）特服号：用于特服业务呼叫。

（7）GSM-R 网络设备编号：用于标识 GSM-R 网络设备。

（8）IP 地址：用于 GPRS 网络设备、终端设备及网管设备的 TCP/IP 寻址。

（9）信令点编码：用于采用 No.7 信令方式的信令点寻址。

编号原则：

（1）号码应在全网范围内统一分配，应满足互联互通的要求。

（2）编号方案应保证网络之间的互操作性，有助于用户身份的识别和权限限制，并保持稳定。

（3）编号方案应具有灵活性和可扩充性，采用不等位编号，最长不超过 15 位，并且由 0 到 9 的数字组成。

（4）为方便用户拨号，给特定用户分配功能号码，标识用户的职能身份。

（5）可以用字母，字母在终端被转换成数字串，转换关系应由铁道部统一制定。

下面主要介绍下功能号码、短号码、组呼参考 ID 号码、网络设备号码、网络 IP 地址、APN 的编号。

1．功能号码

功能号是 GSM-R 网络应用的精华部分。调度员也可以通过功能号拨叫，在不知道列车上工作人员（如列车本务机司机、列车长、随车机械师等）MSISDN 号码的情况下，准确地找到要找的司乘人员。

随着运行列车数量的增多和跨线机车的大量运行，调度员或者其他移动用户一般只知道某列车的车次信息，或者知道该车的机车号信息，不可能知道某辆车移动用户的 MSISDN 号码是多少，那么可以通过功能号的编号规则进行拨打，在对应角色人员已注册的情况下，可以不必知道 MSISDN 号码即可准确找到对方。

GSM-R 网络的功能号大致分为 4 种：车次功能号 TFN、机车功能号 EFN、车号功能号、调度员功能号。功能号的总体编号规则为：

FN（功能号）＝CT（功能号类型）＋UN（用户号码）＋FC（功能码）

其中，功能码 FC 的编码规则如表 2-6 所示。

表 2-6　功能码 FC 的编码规则

功能码	功能描述	功能码	功能描述
00	为告警保留	41～49	保留国际使用（ETCS/CTCS）
01	本务机司机	50	车载记录器
02～05	补机司机	51	故障诊断
06	保留传真使用	52	列车数据总线
07	车上内部通信	53	列车位置系统
08	车内广播	54～59	保留国际使用（车载设备应用）
09	保留国际使用	60	预先录制的旅客信息
10	列车长 1	61	旅客信息显示单元
11	列车长 2	62	旅客服务广播室
12～19	保留国际使用（列车员）	63～69	保留国际使用（旅客服务）
20	餐车主任	70～79	保留国际使用
21～27	保留国际使用（餐车人员、列车员）	80	保留国内使用
28	乘检人员	81	本务机司机手持台
29	列检人员	82～85	补机司机手持台
30	铁路安全服务领导	86	运转车长
31	乘警长	87～89	保留国内使用
32～39	保留国际使用（乘警长）	9×	保留国内使用
40	ETCS/CTCS 使用		

1）车次功能号 TFN（Train Function Number）

编码规则：FN（功能号）=CT（功能号类型）+UN（用户号码）+FC（功能码）

其中：CT=2；UN=车次号字母部分+车次号数字部分（字母部分长度最大支持两位字符，编码符合 ASCII 编码表，见表 2-7，每个字母用十进制数字表示，车次号数字部分最长为 5 位）；FC 可查表 2-6。

表 2-7　ASCII 编码表

字母	十进制数字	字母	十进制数字	字母	十进制数字
A	65	J	74	S	83
B	66	K	75	T	84
C	67	L	76	U	85
D	68	M	77	V	86
E	69	N	78	W	87
F	70	O	79	X	88
G	71	P	80	Y	89
H	72	Q	81	Z	90
I	73	R	82		

具体编码规则可总结为表 2-8。

表 2-8　车次功能号编码规则

车次功能号（TFN）	备　注
2　CCCC ××××× FF	共 8~12 位数字。 CCCC：车次号是 0~2 位字母转换的 4 位数字，符合 ASCII 码转换规则，无字母时 CCCC=0000，1 位字母时 CCCC=00CC。 ×××××：车次号中的数字位，1~5 位可变长，分别为×、××、……、×××××。 FF：2 位数字功能码 FC。

思考：Z1 次列车司机功能号是多少呢？

2）机车功能号 EFN（Engine Function Number）

编码规则：FN（功能号）=CT（功能号类型）+UN（用户号码）+FC（功能码）

其中：CT=3；UN=机车类型代码 EC+机车编号 EN（机车类型代码 EC 按规定编码，固定 3 位；机车编号 EN 以实际机车的编号为准，固定 5 位）；FC 可查表 2-6。说明：动车组等列车两端都有牵引机车（0 端和 1 端），其机车号相同，因此使用 4 位表示机车号，以第 5 位表示 0 端和 1 端。其余机车号不足 5 位的，高位补 0 占位。

3）调度用户功能号码 LN

FN（功能号）=CT（功能号类型）+UN（用户号码）+FC（功能码）

其中：CT=91，UN=LN+FC，LN=L1L2L3L4L5，用以确定被叫方的注册位置，包括调度辖区、车站（场）、编组场（分场）位置号，由 5 位数字组成，在全路范围内统一分配。

L1L2＝H1H2，与 MSISDN 号码的 H1H2 相同。其中调度用户功能码 FC 见表 2-9。

表 2-9　调度用户功能码 FC

功能码	功能说明	举例
0	预留	
01～29	列车调度通信	01 列车调度员
30～39	机务调度通信	30 机车调度员
40～49	货运调度通信	40 货运调度员
50～59	牵引供电调度通信	50 牵引供电调度员
6×	预留	
70～79	站场通信	71 货运计划员
80～89	部、局、站段各工种调度员及值班员	80 电务调度员、值班员
90～99	应急通信	90 救援中心指挥员

2. 短号码

短号码用于 GSM-R 网络内的快速拨号，GSM-R 移动用户可以在不知道实际 FAS 号码的情况下，拨打预定义的短号码，正确地呼叫当前本线行车调度员、本线电力调度员、本线客服调度员、前方/后方/本站车站值班员等功能。短号码由 4 位数字组成，第一位数字 CT＝1。短号码应在全国范围内统一定义，但某些号码必须作为国际通用号，以实现互联互通。短号码的规划及呼叫功能如表 2-10 所示。根据短号码规划，目前网络中实际实施的短号码主要有 1200、1300、1400 等。

表 2-10　短号码的规划及呼叫功能

短号码	功能说明	短号码	功能说明
1000	试验号	1800	调车无线机车信号无线传输业务节点
1001	障碍申告台	180×	保留国内使用
10××	保留国内使用	1810	机车同步操作无线传输业务节点
11××	保留特服号使用	181×	保留国内使用
1200	连接最适当的列车调度员	182×	保留国内使用
12××	保留国内使用	184×～189×	保留国内使用
1300	连接最适当的车站值班员	190×	保留国内使用（机务）
13××	保留国内使用	191×	保留国内使用（货运）
1400	连接最适当的牵引供电调度员	192×	保留国内使用（牵引供电）
14××	保留国内使用	193×	保留国内使用（客运）
1500	连接最适当的 CTCS RBC	194×	保留国内使用
15××	保留国内使用	195×	保留国内使用（工务）
1612	高优先级呼叫确认中心	196×	保留国内使用（电务）
16××	保留国际使用	197×～199×	保留国内使用
1700	司机安全设备		
17××	保留国际使用		

3. 组呼参考 ID 号码

GSM-R 系统的一个特色功能就是为铁路工作人员提供语音组呼和语音广播业务。要实现这两种业务，必须要确定通信参与者的所在区域和身份。组呼参考就是用于定义语音组呼和语音广播呼叫参与者的区域和身份。

组呼参考由组标识和组呼区域唯一确定。组标识说明该组的功能，即由哪些身份的成员组成，一个用户可以同时签约多少个组 ID，并给它们设置不同的优先级。组呼区域是指组呼通信所覆盖的地理范围，可以由若干个蜂窝小区组成。

4. 网络设备号码

网络设备号码用于标识 GSM-R 网络设备。网络设备号码包括 MSC/VLR/GCR/SSP、HLR/AUC、SCP、SMSC 识别码、位置区识别码 LAI、全球小区识别码 CGI、基站识别色码 BSIC、漫游区域识别码 RSMN、国际移动设备识别码 IMEI。

5. 网络 IP 地址

用于 GPRS 网络设备、终端设备，以及网管设备的 TCP/IP 寻址。GSM-R 网络中 IP 地址主要包括 GPRS 网络中网络设备和用户的 IP 地址两部分。

1）分配范围

GPRS 网络设备、GPRS 用户终端、GSM-R 网管设备。

2）分配原则

（1）内部专网，使用 RFC 1918 规范中规定的私有 IP 地址，采用铁路计算机网络 IP 地址段。

（2）采用结构化、层次化的地址分配方式。

（3）各个层次的地址空间中都要有充分的预留。

（4）各铁路信息系统的 GPRS 通信服务器 IP 地址应由各信息系统分配。

3）地址分配

（1）GPRS 网络设备及终端：10.12.0.0～10.15.127.255。

（2）GSM-R 网络管理设备：10.15.128.0～10.15.255.255。

6. APN

APN（接入点名称），是非常重要的参数，没有 APN，就不知道哪个 GGSN 激活。铁道部要求 GPRS 网络用户终端（主要是机车 CIR）必须按照属地化原则进行配置，即机车属于那个铁路局，其相关 GPRS 数据必须按照该局的规划进行配置。

为此，必须对 APN 进行网络规划，以满足铁路属地化管理的要求。同时由于铁路专用的 GRIS 系统是唯一提供 GPRS 网络到其他任何网络的接口设备，因此 APN 的规划应与 GRIS 系统相关，以体现其网络结构。目前铁路局集团有限公司对 APN 的规划如表 2-11 所示。

表 2-11　APN 的规划

序号	铁路局集团有限公司	域名	序号	铁路局集团有限公司	域名
1	哈尔滨	HEB	10	上海	SH
2	沈阳	SY	11	南昌	NC
3	北京	BJ	12	广州	GZ
4	太原	TY	13	南宁	NN
5	呼和浩特	HHHT	14	成都	CD
6	郑州	ZZ	15	昆明	KM
7	武汉	WH	16	兰州	LZ
8	西安	XA	17	乌鲁木齐	WLMQ
9	济南	JN	18	青藏	QZ

第3章
GSM-R 数字移动通信基本原理

GSM-R 是以 GSM 标准为基础开发的，其基本原理继承自 GSM。本章从无线电波传播、空中接口技术及语音处理技术等方面介绍 GSM-R 的基本原理与关键技术。

3.1 移动通信信道的电波传播

移动通信以其可移动性而具有强大的生命力。由于移动通信是将无线空间这一介质作为传播路径，这就决定了传播路径的开放性。但是也使得移动通信的无线电传播环境比有线通信更加恶劣。一方面，携带信息的无线电波的传输是扩散的；另一方面，地理环境复杂多变、用户移动随机不可预测，所有这些都造成了无线电波传输的损耗。因此，对无线电传播的环境的了解研究，对于整个移动系统的发展至关重要。

基站天线、移动用户天线和这两端天线之间的传播路径，称为无线移动信道。从某种意义上来说，对移动无线传播环境的研究就是对无线移动信道的研究。传播路径可分为直射传播和非直射传播。一般情况下，在基站和移动台之间不存在直射信号，此时接收到的信号是发射信号经过若干次反射、绕射或散射后的叠加。而在某些空旷地区或基站天线较高时，可能存在直线传播路径。

下面将从电磁波传播方式、传播损耗和无线通信的传播效应几方面来进行介绍。

1. 电磁波的传播方式

电磁波传播的主要方式具体如下。

（1）直射波：它是指在视距覆盖区内无遮挡的传播，直射波传播的信号最强。

（2）多径反射波：指从不同建筑物或其他物体反射后到达接收点的传播信号，其信号强度次之。

（3）绕射波：从较大的山丘或建筑物绕射后到达接收点的传播信号，其强度与反射波相当。

（4）散射波：由空气中离子受激后二次发射所引起的漫反射后到达接收点的传播信号，其信号强度最弱。

由于上述的移动信道的主要特点和电磁波传播方式的特点，决定了将会对接收点产生如下的影响和结果，归纳起来，在传播上会产生三类不同的损耗和三种效应。

2. 信号在无线信道中的传播损耗

（1）路径传播损耗：又称为衰耗，它是指电磁波在宏观大范围（即公里级）空间传播所产生的损耗，它反映了传播在空间距离的接收信号电平的变化趋势。

（2）大尺度衰落损耗：它是由于在电波传播路径上受到建筑物及山丘等阻挡所产生的阴影效应而产生的损耗。它反映了中等范围内数百波长量级接收电平的均值变化而产生的损耗。一般遵从对数正态分布，其变化率较慢，又称为大尺度衰落。

（3）小尺度衰落损耗：主要是由于多径传播而产生的衰落，反映微观小范围内数十波长量级接收电平的均值变化而产生的损耗。一般遵从 Rayleigh（瑞利）或 Rician（莱斯）分布，其变化率比慢衰落快，所以称为小尺度衰落。它又可以划分为空间选择性衰落、频率选择性衰落和时间选择性衰落。选择性是指在不同的空间、频率、时间，其衰落特性是不一样的。图 3-1 表示了信号在无线信道中的传播损耗。

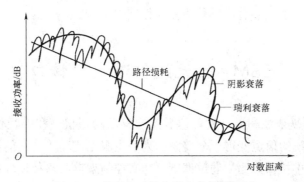

图 3-1　信号在无线信道中的传播损耗

3. 多径效应

由于高大建筑物或远处高山等阻挡物的存在，常常会导致发射信号经过不同的传播路径到达接收端，这就是所谓的多径传播效应（multipath propagation）。各径信号经过不同的路径到达接收端时，具有不同的时延和入射角，这将导致接收信号的时延扩展（delay spread）和角度扩展（angle spread）。

另外，移动用户在传播路径方向上的运动将使接收信号产生多普勒（Doppler）扩展效应，其结果是导致接收信号在频域的扩展，同时改变了信号电平的变化率。多径效应为移动信道的电波传播带来了很大影响，它主要产生信号强度的快衰落和接收信号的时延扩展。归纳起来主要有多径衰落、多径时延与多普勒频移。

1）多径衰落

由于电波通过各个路径的距离不同，从各条路径来的反射波到达时间不同，相位也就不同。而且，外界条件往往是不稳定的，它会随着各种因素的变化而产生随机的变化，路径差及相位差也会随机变化，因此直射波与反射波有时同相相加，有时反相抵消，这就造成了合成信号的随机起伏，即产生了衰落。由于这种衰落是多径效应引起的，所以称为多径衰落。

2）多径时延

在多径传播条件下，数字脉冲信号的宽度将被展宽，其展宽的程度通常用时延扩展宽度来衡量。时延扩展宽度定义为最大传输时延和最小时延的差值，即最后一个可分辨的时延信号与第一个时延信号到达时间的差值，就是脉冲展宽的时间。

由于时延扩展，接收信号中一个码元的波形会扩展到其他码元周期中，引起码间串扰，也称为符号间干扰。为了避免符号间干扰，应使码元周期大于多径传播引起的时延扩展。

3）多普勒频移

当发射源与接收体之间存在相对运动时，接收体接收到的信息频率与发射源发射信息频率不相同，这种现象称为多普勒效应。在多普勒频移现象中，不同路径信号的频谱中心频率会左右偏移接收的中心频率，这会导致信号频谱的扩展，造成信号失真。这也称为信道频率的弥散，频率弥散性会造成信道间干扰。在 GSM-R 系统中，可以通过使用高性能均衡器和相应的频率校正算法来消除多普勒频移对系统性能的影响。

3.2　GSM-R 无线信道空中接口技术

由于地理环境的复杂性和多样性，以及用户移动的随机性和多径传播现象等因素的存在，使得移动通信系统的信道变得十分复杂。为了克服无线环境传播的各种问题，引入了多项关键技术来挑战空中接口，比如通过调制、功率控制来克服路径损耗和阴影效应，通过分集技术和跳频技术来解决无线环境的干扰问题，从而实现移动通信。

3.2.1　功率控制技术

所谓的功率控制，就是在无线传播上对手机或基站的实际发射功率进行控制，以尽可能降低基站或手机的发射功率，这样就能达到降低手机和基站的功耗，以及降低整个 GSM-R 网络干扰的目的。功率控制的前提是要保证正在通话的呼叫拥有比较好的通信质量。可以通过图 3-2 所示来简单说明一下功率控制过程。

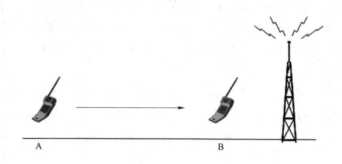

图 3-2　功率控制示意图

从图 3-2 可见，在 A 点的手机离基站的天线比较远，而电波在空间的传播损耗与距离的 N 次方成正比。因此，为了保证一定的通信质量，A 点手机在通信时就要使用比较大的发射功率。相比而言，由于 B 点离基站的发射天线比较近，传播损耗也就比较小。因此，为了得到类似的通信质量，B 点的手机通信时就可以使用比较小的发射功率。当一个正在通话的手机从 A 点向 B 点移动时，功率控制可以使它的发射功率逐渐减小。相反，当正在通话的手机从 B 点向 A 点移动时，功率控制可以使它的发射功率逐渐增大。

功率控制可以分为上行（移动台端发射，基站端接收）功率控制和下行（基站端发，移动台端接收）功率控制，上行和下行功率控制是独立进行的。所谓的上行功率控制，也就是对移动台的发射功率进行控制；而下行功率控制，就是对基站的发射功率进行控制。不论是上行功率控制还是下行功率控制，通过降低发射功率，都能够减少上行或下行方向的干扰，同时降低移动台或基站的功耗，表现出来的最明显的好处就是：整个 GSM-R 网络的平均通话质量大大提高，移动台的电池使用时间也大大延长。

下面简单介绍功率控制的过程：

在功率控制过程中，提供功率控制过程决策的原始信息是来自手机和基站的测量数据，通过处理和分析这些原始数据，做出相应的控制决策。和切换控制过程类似，一般来说，整个功率控制过程如图 3-3 所示。

图 3-3　功率控制过程

1）测量数据保存

与功率控制有关的测量数据类型包括：上行信号电平、上行信号质量、下行信号电平和下行信号质量。

2）测量数据平均处理

为了减小复杂的无线传输对测量值带来的影响，对测量数据的平均处理一般采用前向平均法。也就是说在功率控制决策时，使用的是多个测量值的平均值。对不同的测量数据类型，求平均的过程中参数设置可以不一样，也就是说所使用的测量数据的个数可以不一样。

3）功率控制决策

功率控制决策需要三个参数：一个门限值，一个 N 值和一个 P 值。若最近的 N 个平均值中有 P 个超过门限值，就认为信号电平过高或信号质量太好；若最近的 N 个平均值中有 P 个低于门限值，则认为信号电平过低或信号质量太差。根据信号电平或信号质量的好坏，手机或基站就可以判断如何控制发射功率，提高或降低的幅度由预先配置好的值决定。

4）功率控制命令发送

根据功率控制决策的结论，将相应的控制命令通知基站，由基站负责执行或转发给手机。

5）测量数据修正

在功率控制之后，原先的测量数据和平均值已经没有意义，如果仍旧原封不动地保留的话，会造成后面的错误功率控制决策。因此，要将原来的这些数据统统废弃，或对其进行相应的修正，使得数据仍旧可以继续使用。功率控制的速度最快是 480 ms 一次，实际上也就是测量数据的最快上报速度。也就是说，一个完整功率控制过程最快是 480 ms 被执行一次。

6）快速功率控制

ETSI 规范推荐的功率控制过程的控制幅度都是固定的，一般取值是 2 dB 或 4 dB。然而，在很多实际的情况下，固定的功率控制幅度并不能达到最优的效果，举一个简单的例子：

当手机在离基站天线很近的地方发起一次呼叫，它使用的初始发射功率是所在小区 BCCH 信道上广播的系统消息中手机最大发射功率。很明显，这时由于手机离基站的天线非常近，功率控制过程应该尽可能快地将它的发射功率降下去。然而，规范推荐的功率控制过程做不到，因为它每次只能命令手机降 2 dB 或 4 dB，加上每两次功率控制之间会有一定的间隔期（由于要收集足够多新的测量数据）。因此，要将手机发射功率降到合理的值，会经历一段比较长的时间，下行方向也是一样的。可见，这对降低整个 GSM 网络的干扰情况明显不利。要改善这一点，就需要加大每次功率控制的幅度，这就是快速功率控制的核心思想。

快速功率控制过程能够根据实际的信号强度和信号质量情况，判断出应该使用的功率控制幅度，不再局限于一个固定的幅度，这样就可以轻易解决手机初始接入时功率的控制问题。当然，它的作用也不仅仅局限于这种情况，还有很多，比如快速移动的手机、突然出现的干扰或障碍等。只要出现需要进行大幅度功率控制的现象，快速功率控制过程都能够完满地给予解决。

3.2.2 跳频技术

GSM-R 数字移动通信系统，为了提高系统的抗干扰能力引入了跳频技术。引入跳频的原因有两个。第一是基于频率分集的原理，用于对抗瑞利衰落。移动无线传输在遇到障碍时不可避免地会遭受短期的幅度变化，这种变化称为瑞利衰落。不同的频率遭受的衰落不同，而且随着频率差增加，衰落更加独立。通过跳频，突发脉冲不会被瑞利衰落以同一种方式破坏。第二是基于干扰源特性。在业务量密集区，蜂窝系统容易受到频率复用产生的干扰限制，相对载干比（C/I）可能在呼叫中变化很大。引入跳频使得它可以在一个可能干扰小区的许多呼叫之间分散干扰，而不是集中在一个呼叫上。

跳频是指载波频率在很宽频带范围内按某种序列进行跳变。控制和信息数据经过调制后成为基带信号，送入载波调制，然后载波频率在伪随机码的控制下改变频率，这种伪随机码序列即为跳频序列。最后再经过射频滤波器送至天线发射出去。接收机根据跳频同步信号和跳频序列确定接收频率，把相应的跳频后信号接收下来，进行解调。跳频基本结构如图 3-4 所示。

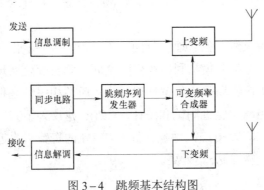

图 3-4　跳频基本结构图

跳频技术有以下特点：

（1）采用跳频技术可增加系统工作频带，从而提高通信系统抗干扰和抗衰落能力。

（2）通过跳频可以改善和保护有效信息部分的脉冲不受通信环境中的瑞利衰落影响，经过跳频后由信道解码恢复为原数据。

（3）通过增加跳频数来提高跳频增益，从而使系统的抗干扰和抗衰落的能力提高。跳频技术实际是避开外部干扰，使之跟不上频率的改变从而避免或明显降低同频道干扰和频率选择性衰落。而增加跳频数是因为跳频系统的增益等于跳频系统的频带宽度与 N 个最小跳频间隔的比值，所以以增加跳频可使跳频增益提高。通常的跳频数应大于 3。如果跳频系统再加上频率的分集，若干组跳变频率同时传送一个信息，然后用大数判定定律更有效地判决信息，则可使更多用户同时工作而相互干扰最小。

跳频有两种方式：基带跳频与射频跳频。

（1）基带跳频是每个载频单元的发射与接收频率不变，只是在不同的 FN（帧号）时刻，帧单元发信数据送给不同的载频单元发射出去。

（2）射频跳频是对每个收发信机的频率合成器进行控制，使其在每个时隙上按不同的方案跳频。

在 GSM-R 标准中采用慢跳频技术。每秒 217 跳，每跳周期为 1 200 bit。

3.2.3　分集接收技术

分集接收技术是一项主要的抗信号衰落技术，它可以大大提高多径衰落信道下的传输可靠性，其本质就是采用两种或两种以上的不同方法接收同一信号以克服衰落，其作用是在不增加发射机功率或信道带宽的情况下充分利用传输中的多径信号能量，以提高系统的接收能力。

分集接收就是利用多条相互独立路径传输同一信息源信号，按照一定的方法再集合起来变害为利，将接收到的多径信号分离成互不相关的多径信号，然后将这些信号的能量按照一定规则合并起来，使接收的有用信号能量最大，从而达到抗衰的目的。BTS 在无线接口采用分集接收技术，即接收处理部分有两套，接收两路不同的信号。

分集接收技术包括：空间分集、时间分集、频率分集、极化分集等。

1）空间分集

在空间设立两副接收天线，独立地接收同一信号，再合并输出，衰落的程度能被大大地减小，这就是空间分集。空间分集是利用场强随空间的随机变化实现的，空间距离越大，多径传播的差异就越大，所接收场强的相关性就越小。所谓相关性是指信号间相似的程度，因此必须确定必要的空间距离。经过测试和统计，CCIR 建议为了获得满意的分集效果，两天线间距大于 0.6 个波长，即 $d > 0.6\lambda$，并且最好选在 $\lambda/4$ 的奇数倍附近。若减小天线间距，即使小到 $\lambda/4$，也能起到相当好的分集效果。

2）时间分集

时间分集是指采用一定的时延来发送同一消息，或者在系统所能承受的时延范围内在不同的时间内发送消息的一部分。在 GSM-R 系统中，通过交织技术实现时间分集。

3）频率分集

频率分集是指用两个以上的频率同时传送一个信号，在接收端对不同频率的信号进行合成，利用不同频率的无线载波的不同路径减少或消除衰落的影响。这种方法的效率较好，且接收天线只需一副。在 GSM-R 系统中通过跳频技术实现频率分集。

4）极化分集

极化分集是指把两副接收天线的极化方向互成一定的角度进行接收，可以获得较好的分集效果。极化分集可以把两副分集接收天线集成在一副天线内实现，这样对于一个小区只需一副发送天线和一个接收天线即可。如果采用双工器，则只需一副收发合一的天线，大大减少了天线的数量。

3.2.4 调制与解调

调制是一项对信号源信息进行处理的技术，它是使载波的某些特性随信号信息而变化的过程。其作用就是将受调的信息置入信息的载体，即将信号信息加载到载波上，使其便于传输和处理。一般来说，信号源的信息（也称为信源）含有直流分量和频率较低的频率分量，称为基带信号。基带信号往往不能作为传输信号，因此必须把基带信号转变为一个相对基带频率而言频率非常高的信号以适合于信道传输。这个信号叫作已调信号，而基带信号叫作调制信号。调制是通过改变高频载波即消息的载体信号的幅度、相位或者频率，使其随着基带信号幅度的变化而变化来实现的。而解调则是将基带信号从载波中提取出来以便预定的接收者（也称为信宿）处理和理解的过程。

调制在通信系统中有十分重要的作用。通过调制，不仅可以进行频谱搬移，把调制信号的频谱搬移到所希望的频谱上，GSM900 系统就是把信号频率调制到 900 MHz，从而将调制信号转换成适合于传播的已调信号，而且它对系统的传输有效性和传输的可靠性有着很大的影响。调制方式往往决定了一个通信系统的性能。

在通信中常采用的调制方式有以下几种。

1）模拟调制

用连续变化的信号去调制一个高频正弦波，主要有：

（1）幅度调制：调幅 AM、双边带调制 DSBSC、单边带调幅 SSBSC、残留边带调制 VSB 及独立边带调制 ISB；

（2）角度调制：调频 FM 和调相 PM 两种，因为相位的变化率就是频率，所以调相波和调频波是密切相关的。收音机就是使用 FM 调制方式，常常可以听到"欢迎收听调频 FM101.7 Hz"。

2）数字调制

将数字序列，比如"101101"调制到电磁波中传播，因为电磁波有三个属性，即幅度、频率和相位，可以通过改变任何一种方式来实现 0 和 1 的区分。所以，数字调制共分为三种：

（1）振幅键控 ASK：即利用振幅来区分高低电平，比如高电平用某一振幅表示，低电平可以用另外一个振幅表示；

（2）频率键控 FSK：即利用频率来区分高低电平，比如高电平用高频率表示，低电平用低频率表示；

（3）相位键控 PSK：即利用相位来区分高低电平，比如用 0° 相位表示高电平，用 180° 相位来表示低电平。

3）脉冲调制

用脉冲序列作为载波，主要有：

（1）脉冲幅度调制（PAM，Pulse Amplitude Modulation）；

（2）脉宽调制（PDM，Pulse Duration Modulation）；

（3）脉位调制（PPM，Pulse Position Modulation）；

（4）脉冲编码调制（PCM，Pulse Code Modulation）。

由于数字通信具有建网灵活，容易采用数字差错控制技术和数字加密，便于集成化，并能够进入 ISDN 网等特点，所以通信系统都在由模拟制式向数字制式过渡。

因此系统中必须采用数字调制技术，然而一般的数字调制技术，如 ASK、PSK 和 FSK 因传输效率低而无法满足移动通信的要求。为此，需要专门研究一些抗干扰性强、误码性能好、频谱利用率高的数字调制技术，尽可能地提高单位频谱内传输数据的比特率，以适用于移动通信窄带数据传输的要求。如：最小频移键控（MSK，Minimum Shift Keying）；高斯滤波最小频移键控（GMSK，Gaussian Filtered Minimum Shift Keying）；四相相移键控（QPSK，Quadrature Reference Phase Shift Keying）；交错正交四相相移键控（OQPSK，Offset Quadrature Reference Phase Shift Keying）；四相相对相移键控（DQPSK，Differential Quadrature Reference Phase Shift Keying）；$\pi/4$ 正交相移键控（$\pi/4$ DQPSK，Differential Quadrature Reference Phase Shift Keying）。调制和解调是信号处理的最后一步，GSM 采用 GMSK 调制方式，通常采用 Viterbi 算法（带均衡的解调方法）进行解调。解调是调制的逆过程。

GMSK 是一种特殊的数字 FM 调制方式。调制速率为 270.833 kBaud（千波特）。比特率正好是频率偏移 4 倍的 FSK 调制称作 MSK（最小频移键控）。在 GSM 中，使用高斯预调制滤波器进一步减小调制频谱，它可以降低频率转换速度。

3.2.5 不连续发射（DTX）与不连续接收（DRX）

1. 不连续发射（DTX）

DTX 简单地说是指移动台在有语音或数据传送时才打开发射机。通话是双向的，对于 MS 用户来说，语音经过语音编码后的速率是 13 kbps。用户平均的说话时间约占 40%以下，不说话的时间约占 60%。如果在不说话的时间继续按照 13 kbps 发送比特流，就会对网络产生干扰。

不连续发射功能（DTX）是仅在探测到连接中有话音时才发射。这将减少移动台和 BTS 的功率损耗，同时也能减少无线信道上的总功率。这个功能由 BTS 发射，BSC 控制在 BSC 中执行。

如何实现不连续发射功能：DTX 允许无线发射机在通话期间根据话音的有无进行开关操作。采用 DTX 有两个目的：一是降低空中总的干扰电平，提高系统效率；二是节省无线发信机电源的耗电，尤其是移动台。

1）话音激活检测

为实现间断传输方式，首先必须表明什么时候需要或不需要传输。对于讲话情况，就必须检测是否有话音激活，这就是通常的话音激活检测（VAD）。其功能是指明话音编码器产生的每 20 ms 帧是否含有或不含有话音。发射机（BTS 和 MS 中）的 VAD 用于检测业务帧中是否包含话音、非透明数据或背景噪声。如果业务帧中只包含噪声，发射机发送一个 SID 帧，然后停止发射信号。

VAD 须对存在话音时的噪声和不存在话音时的噪声加以区别。在移动环境下，检测话音的最大困难在于话音/噪声之比经常很低。为提高 VAD 的精度，在进行判决之前采用了滤波器以提高话音/噪声比值。

2）舒适噪声

经验表明，在话音突然起始或中止时，随着发信机的开启或关闭会产生噪声调制，使听者受到严重的干扰。干扰随间断传输而有规则地发生。另外，在发信机关闭期间，收发采用完全静躁措施，噪声突然消失，会给听者造成一个联系中断的错觉。因此，在 GSM 系统中的 DTX 方式并不意味着在话音间隙期简单地关闭发信机，它要求在发信机关闭之前，把发端背景噪声的参数传给收端，并且在话音间隙期间，也要每隔一定时间开启发信机，将发端新的参数传给收端。收端利用这些参数，人为地再生与发端类似的噪声，这就是通常所称的"舒适噪声"。

2. 不连续接收 DRX

基站是通过基站寻呼找到手机的。所谓的非连续接收是指移动台在空闲模式下，并不是时时解读所有的系统消息及寻呼块内容。手机绝大部分时间处于空闲状态，此时需要随时准备接收 BTS 发来的寻呼信号。系统按照 IMSI 将 MS 用户分类，不同类别的手机在不同的时刻接收系统寻呼消息，无须连续接收。

3.3　GSM-R 语音处理技术

在通话的过程中，语音信号要经过一系列处理才能发送出去。首先，语音是模拟信号，而 GSM-R 系统是数字通信系统，所以模拟信号第一步要转化成数字信号，即 A/D 转换；然后为了在空中可靠高效地传播，要进行编码和交织；为了信号的安全性，还需要进行加密；最后为了适合在空中传播，必须进行突发脉冲的适配和调制，之后才能发送。这么一个过程称为 GSM 语音信号处理的一般过程，如图 3-5 所示。

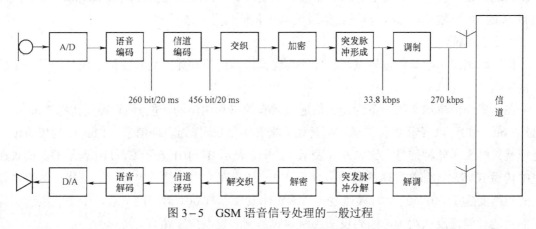

图 3-5　GSM 语音信号处理的一般过程

语音编码和信道编码是通信数字化的两个重要技术。在移动通信数字化中，模拟语音信号的数字化，可提高频带利用率和信道容量。信道编码技术可提高系统的抗干扰能力，从而保证良好的通话质量。语音编码和信道编码技术对减少信道误码率、提高通话质量、提高频道利用率和系统通信容量具有重大影响。

3.3.1　编码技术

1. 语音编码

在学习 GSM 语音编码之前，先学习以下编码方式的分类。

（1）波形编码：它的特点是提供高质量的传输，因为它的速率在 16～64 kbps，典型的编码是 PCM 编码（一般使用于有线通信）；

（2）参量编码：它的特点是低速率，通过压缩可以把信号速率控制在 2～4.8 kbps；

（3）混合编码：集合前两种编码的优点，既保证了语音质量，还降低了传输的速率，一般在 4～16 kbps，典型的混合编码有 RPE-LTP（GSM 系统使用）、QCELP（CDMA 系统使用）。

下面以全速率语音编码为例，简单介绍 GSM 系统的语音编码过程。

GSM 系统采用的是 13 kbps 的话音编码方案，称为 RPE－LTP（规则脉冲激励－长期预测）。因为无线通信的空中接口无法提供高速率传输，而过低的速率没法提供很好的语音质量，所以 GSM 选用了混合编码的一种，即 RPE－LTP 编码方式。这个方案既符合空口传输的要求，又提供了较高质量的语音业务，而且在无差错时，产生与固定电话网相近的话音质量。

它首先将语音分成 20 ms 为单位的语音块，并用 8 kHz 的频率对它进行抽样，为什么要使用 8 kHz 采样频率？因为通过奈奎斯特定理，采样的频率必须大于信号带宽的两倍才能无失真地还原信息。而我们的语音频率在 0.2～3.4 kHz 之间，所以取一个大于两倍的值，即 8 kHz。一个 20 ms 的语音块经过采样后得到 160 个样本，然后对每个样本值进行量化，也就是说把每一个样本用 16 bit 来表示，这样就得到了 128 kbps 的数据流。由于该速率太高，无法在无线路径上传输，需要通过编码器进行压缩，每个语音块将被压缩成 260 bit，最后形成 13 kbps 的源编码速率。此后再进行信道编码等其他信号处理过程。

2. 信道编码

信道编码用于改善传输质量，它可以实现检错和纠错功能，克服各种干扰对信号产生的不良影响。

在这里先简单地介绍一下为什么信道编码有检错和纠错的功能。假设需要传播 3 bit 的信息，3 bit 一共可以表示 8 种信息，但是如果把其中 2 bit 作为表征信息，1 bit 作为校验位，这样就只能表示 4 种信息。比如 000 表示 A，011 表示 B，101 表示 C，110 表示 D。如果在空中传播 B 信息，那么发送的数据应该是 011。如果在空中传播的时候受到干扰，对方接收到的数据变成了 001，这个时候通过查询编码库发现没有 001 对应的信息，于是就实现了检错的功能。但是没法纠错，因为没法判断到底是哪一位发生了错误。

要实现纠错就必须增大开销，即用 1 bit 来表征信息，用 2 bit 作为校验位，即用 3 bit 表示两种信息，000 表示 A，111 表示 B。如果在空中传播受到干扰，对方接收的时候变成了 001，这时可以检错，也可以纠错，表示为 000，即 A。当然此时只能纠错一位，如果想有更大的纠错能力，必须再增大开销。

以上只是通过一个例子简单地理解一下信道编码的概念和实现原理，真正使用的卷积编码或者分组编码要复杂得多。

信道编码采用专门的冗余技术，在发送端按一定的规律插入冗余位进行编码，接收端的解码过程利用这些冗余位检测误码并尽可能地纠正错误，恢复出原始的发送信息。

GSM 中使用的编码方式有卷积码和分组码，在实际应用中把这两种方式组合在一起使用。

卷积码：把 k 个信息比特编成 n 个比特，k、n 都很小，适宜以串行方式传输，而且延时也小，编码后的 n 个码元不但与本组 k 个信息码元相关，还与前面（$N-1$）组的信息码元相关，其中 N 称为约束长度。卷积码一般可表示成（n, k, N）。卷积编码的纠错能力随 N 的增大而增大，而差错率随 N 的增大呈指数下降。卷积码主要用于纠错，当解调器采用最大似然估计方法时，可以产生十分有效的纠错结果。

分组码：这是一种截短循环码，通过增加对信息比特的异或运算得到冗余位，把 k 个输入信息位通过异或运算映射到 n 个输出二进码元（$n>k$）。分组码主要用于检测和纠正成组出现的错码，通常与卷积码混合使用。

3.3.2　交织技术

无线通信的突发误码的产生，常常是因为持续时间较长的衰落引起的，如果只依靠上述的信道编码方式来检错和纠错是不够的。为了更好地解决这类误码问题，在系统中采用信道交织技术。

交织实际上是把一个消息块原来连续的比特按一定规则分开发送传输，即在传送过程中原来的连续块变成不连续，然后形成一组交织后的消息块，在接收端对这种交织信息块复原（解交织）成原来的信息块。如图 3-6 所示。

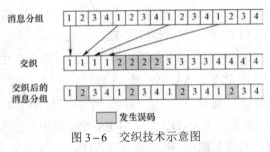

图 3-6　交织技术示意图

采用交织技术后，如果传送过程中某消息块丢失，在恢复后实际上只丢失每个信息块的一部分，而不至于全部丢失，采用编码技术后就很容易恢复那些被丢失的消息。

下面以一个语音通信的例子描述信道编码和交织过程。

GSM 系统中，语音信号速率为 13 kbps，即每 20 ms 传输 260 bit。对于这 260 bit 采用分段编码进行保护。182 bit 采用 1/2 卷积编码，其中的 50 bit 先进行奇偶校验，附加了 3 bit 的信息位，然后再进行 1/2 卷积编码，这 50 bit 称为最重要比特类；其余 132 bit 直接进行 1/2 卷积编码，称为重要比特类；余下的 78 bit 不加任何保护。具体编码过程如图 3-7 所示。

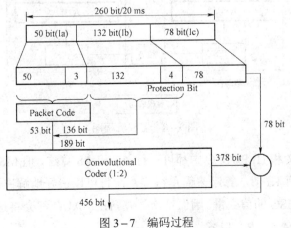

图 3-7　编码过程

经信道编码后的数据为每 20 ms 携带 456 bit，456 bit 被分成 8 组，每组 57 bit 分别承载于不同的突发脉冲。

3.3.3 鉴权与加密

1. 鉴权技术

GSM 系统在接入网络方面通过 AUC 鉴权中心对客户鉴权来保密的方法；在无线路径上采取了对通信信息保密的办法；对移动设备采用了设备识别（通过 EIR 设备识别中心），客户身份识别码 IMSI 用临时识别码 TMSI 保护。

GSM 网络鉴权需要使用鉴权三参数：响应数 SRES、密钥 Kc 和伪随机数 RAND。客户的鉴权加密过程是通过系统提供的客户三参数组来完成的，客户三参数组是在鉴权中心（AUC）中产生的。每个客户在 GSM 网中注册登记时，将被分配一个客户电话号码（MSISDN）和客户身份识别码（IMSI）。IMSI 通过 SIM 写卡机来写入客户的 SIM 卡中，同时在写卡机中又产生了一个对应此 IMSI 的唯一客户鉴权值 Ki，它被分别存储在客户的 SIM 卡和 AUC 中作为永久性信息。在 AUC 中还有一个伪随机码发生器，用于产生一个不可预测的伪随机数 RAND。在 GSM 规范中还定义了 A3、A8 和 A5 算法，分别用于鉴权和加密过程。在 AUC 中 RAND 和 Ki 经过 A3 算法（鉴权算法）产生了一个响应数 SRES，同时经过 A8 算法（加密算法）产生了一个 Kc。因而由 RAND、Kc、SRES 一起组成了该客户的一个三参数组，传送给 HLR 并存储在该客户的资料库中。一般情况下，AUC 一次产生 5 组三参数传送给 HLR，HLR 自动存储。HLR 可存储 10 组三参数，当 MSC/VLR 向 HLR 请求传送三参数组时，HLR 又一次性地向 MSC/VLR 传送 5 组三参数组。MSC/VLR 一组一组地使用，当剩到两组时，就会再向 HLR 请求传送三参数组。鉴权流程图如图 3-8 所示。

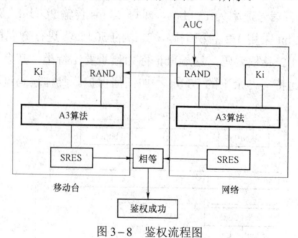

图 3-8　鉴权流程图

一般在 MSC/VLR 和 HLR/AUC 中都可执行 A3 和 A8 算法，但 MSC/VLR 算起来比较麻烦，而 HLR/AUC 存有 Ki 值，算起来简单得多，而且可以很好地解决保密性和漫游的问题，但却增加了 HLR 至 MSC 的信令量。因而每次计算，HLR/AUC 都会将这三个结果值（RAND、SRES 和 Kc）送到 MSC/VLR，以备选用。

2. 加密与解密

GSM-R 系统在安全性方面有了显著的改进，GSM-R 与保密相关的功能有两个目标：第一，包含网络以防止未授权的接入，同时保护用户不受欺骗；第二，保护用户的隐私权。

加密模式设置程序用于网络加密模式。此程序仅用于从"非加密"转变成为"加密"，或者反向。加密的目的是指在 BTS 和 MS 之间交换客户信息和客户参数时，不被非法个人或团体所得或监听。加密只在无线信道上（即 Um 接口）进行。

在鉴权程序中，当 MS 计算 SRES 时，同时启用 A8 算法得出 Kc。Kc 值的计算如图 3-9 所示。根据 MSC/VLR 发出的加密命令，BTS 和 MS 均开始使用 Kc。在 MS 侧，由 Kc、TDMA 帧号和加密命令指示的加密模式一起经 A5 算法，产生一个加密序列。对客户数据流进行加密（也叫扰码）后在无线信道上发送。在 BTS 侧，把从无线信道上收到的加密数据流、TDMA 帧号和 Kc，再经过 A5 算法解密后传送给 BSC 和 MSC。语音及数据的加密是可选项。加密流程图如图 3-10 所示。

图 3-9　Kc 值的计算

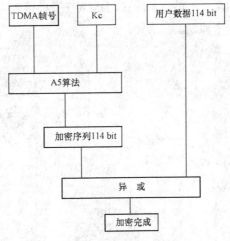

图 3-10　加密流程图

另一种方法是将加密与信道编码、交织结合在一起，在使用的信道编码方案中，采用只有收发方才知道的编码规则或码字，在接收端再采用相应的译码方法来解密。这种方法减少了处理步骤，加密的码字可以具有一定的抗干扰能力。

第 4 章
GSM-R 无线信道与移动性管理

4.1　GSM-R 物理层

无线通信最大的难点在于空中接口和无线信道，这一章将详细地介绍无线信道的设计理念，这是一个层层递进的过程。首先要掌握物理信道的概念，再通过学习帧结构及突发脉冲的概念了解逻辑信道的概念及意义，从而掌握信道的组合和映射关系。

下面开始学习 GSM-R 空中接口的物理层，首先从物理信道开始，了解 TDMA 帧概念、突发脉冲时隙，然后学习逻辑信道。

4.1.1　多址方式

多址技术是指使众多的用户共用的通信线路。为使信号多路化而实现多址的方法基本上有三种，它们分别采用频率、时间或代码分隔的多址连接方式，即通常所称的频分多址（FDMA）、时分多址（TDMA）和码分多址（CDMA）三种接入方式。图 4-1～4-3 的模型表示了这三种方法简单的一个概念。

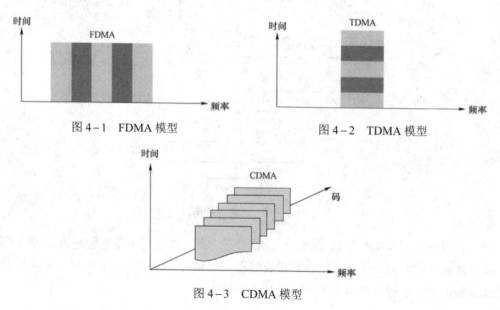

图 4-1　FDMA 模型　　　　　　图 4-2　TDMA 模型

图 4-3　CDMA 模型

FDMA 是以不同的频率信道实现通信的，TDMA 是以不同的时隙实现通信的，CDMA

是以不同的代码序列实现通信的。

1. 频分多址（FDMA）

频分多址的频分，有时也称为信道化，就是把整个可分配的频谱划分成许多单个无线电信道（发射和接收载频对），每个信道可以传输一路话音或控制信息。在系统的控制下，任何一个用户都可以接入这些信道中的任何一个。

2. 时分多址（TDMA）

时分多址是在一个宽带的无线载波上，按时间（或称为时隙）划分为若干时分信道，每一用户占用一个时隙，只在这一指定的时隙内收（或发）信号，故称为时分多址。

TDMA 是一种较复杂的结构，最简单的情况是单路载频被划分成许多不同的时隙，每个时隙传输一路猝发式信息。TDMA 中关键部分为用户部分，每一个用户分配一个时隙（在呼叫开始时分配），用户与基站之间进行同步通信，并对时隙进行计数。当自己的时隙到来时，手机就启动接收和解调电路，对基站发来的猝发式信息进行解码。同样，当用户要发送信息时，首先将信息进行缓存，等自己时隙的到来。在时隙开始后，再将信息以加倍的速率发射出去，然后又开始积累下一次猝发式传输。

一般来说，TDMA 多址方式都是在 FDMA 多址方式的基础上使用的，即先把一个频段划分成多个频点，再在每个频点上划分时隙。GSM-R 系统就使用了这两种多址方式。

3. 码分多址（CDMA）

码分多址是一种利用扩频技术所形成的不同的码序列实现的多址方式。不像 FDMA、TDMA 那样把用户的信息从频率和时间上进行分离，它可在一个信道上同时传输多个用户的信息，也就是说，允许用户之间的相互干扰。其关键是信息在传输以前要进行特殊的编码，编码后的信息混合后不会丢失原来的信息。有多少个互为正交的码序列，就可以有多少个用户同时在一个载波上通信。每个发射机都有自己唯一的代码（伪随机码），同时接收机也知道要接收的代码，用这个代码作为信号的滤波器，接收机就能从所有其他信号的背景中恢复成原来的信息码（这个过程称为解扩）。

4.1.2　突发脉冲

GSM-R 系统采用的是 FDMA（频分多址）和 TDMA（时分多址）混合技术，具有较高的频率利用率。FDMA 是指在 GSM-R 频段的上行（MS 到 BTS）885～889 MHz 或下行（BTS 到 MS）930～934 MHz 频率范围内分配了 21 个载波频率，简称载频，每个载频之间的间隔为 200 kHz。上行与下行载频是成对的，即采用所谓的双工通信方式。双工收发载频对的间隔为 45 MHz。

TDMA 是指在每个载频上按时间分为 8 个时隙段，每一个时隙段称为一个时隙（Time Slot），如图 4-4 所示。一个载频上连续的 8 个时隙组成一个 TDMA 帧。每个帧的相同时隙组合在一起就是一个物理信道，所以 GSM 的一个载频上可提供 8 个物理信道。

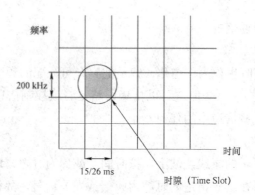

图4-4 物理信道的时隙结构

按照信息的分类，GSM 系统中使用五大突发脉冲串结构。

1. 普通突发脉冲序列

普通突发脉冲序列用于携带业务信道（TCH）及除 RACH、SCH、FCCH 控制信道上的信息，具体组成如下：

TB 3 bit	加密比特 57 bit	Flag 1 bit	训练序列 26 bit	Flag 1 bit	加密比特 57 bit	TB 3 bit	GP 8.25 bit

TB（Tail Bit）是尾比特的意思，TB 的数值总是 000，以帮助均衡器识别起始位和终止位。普通突发脉冲序列有一个 26 bit 的训练序列，这是一串特定的比特序列，共 8 种。BTS 在设置 BSIC 号的时候，相应的比特序列也就设置了。其作用是帮助均衡器产生和修正信道模型，以消除时间色散。

GP（Guard Period）是保护间隔，共 8.25 bit，大约 30 ms，这是一段空白信息，防止有时隙交错时，有用的比特信息不会交错，相当于高速上行车与行车之间的安全距离。

加密比特在语音信号经过 A5 算法加密后就填充进了上述两端比特信息中，每段 57 bit。F 是借用标志的意思，打电话的时候我们一直占用的是 TCH，信令都没地方传了，如果出现了比较紧急的信令要传递，比如说切换信息，就把两个 F 位"偷帧信号"置为 1，说明此时突发脉冲序列已经被 FACCH 信令借用。如果只设置了一个比特，表示突发脉冲序列只有一半被盗用。其中，"0"表示 TCH，"1"表示 FACCH。

2. 频率校正突发脉冲序列

该种突发脉冲序列传送下行的 FCCH，使 MS 能校正自己振荡器的频率并锁定到 BTS 的频率，它相当于一个特定频率的未调制的载波在 FCCH 上发送。具体组成如下：

TB 3 bit	固定比特 142 bit	TB 3 bit	GP 8.25 bit

可以看出，频率校正突发脉冲序列也有前后各 3 bit 的尾比特和 8.25 bit 的保护比特，其作用和普通突发脉冲序列相同。142 个固定比特全为 0，这个信息很特殊，便于 MS 快速识别并锁定载波频率。可以发现，相比普通突发脉冲序列，这里少了训练序列和偷帧位。

3. 同步脉冲突发序列

同步脉冲突发序列用于 MS 和 BTS 间的时间同步，这里含有一个长同步序列 TDMA 帧号（FN，Frame Number），以及基站识别码（BSIC）的相关信息。同步突发脉冲序列在 SCH 上发送。具体组成如下：

TB 3 bit	加密比特 39 bit	同步序列 64 it	加密比特 39 bit	TB 3 bit	GP 8.25 bit

可以看出，同步突发脉冲序列包含前后各 3 bit 的尾比特，以及 8.25 bit 的保护空间。与突发脉冲序列有所不同的是，它有长达 64 bit 的同步序列。这个同步序列是固定的，也可以看作是训练序列，此时网络还未建立连接，需要更多的比特位用于信道均衡来确保信息传递的有效性。78 bit 的加密比特也有其特定的出处。

4. 接入突发脉冲序列

接入突发脉冲序列用于 MS 的随机接入。这种突发脉冲序列设置了一个较长的保护间隔，所以其有用信息比同类型的脉冲序列短很多。因为 MS 试图接入到系统时还不知道发射定时，所以要增加保护带。MS 发送该突发脉冲序列时，BTS 并不知道 MS 的位置，所以来自 MS 的消息的定时也无法准确计算（接入突发脉冲序列仅为上行）。由于第一个突发脉冲序列中没有时间调整，MS 接入与后一个串有一定的交错，基站可以根据交错码个数来计算 TA 值。具体组成如下：

TB 3 bit	同步序列 41 bit	加密比特 36 bit	TB 3 bit	GP 68.25 bit

5. 空闲突发脉冲序列

在其他信道不发送突发脉冲序列时，基站收发信机必须在小区配置中的下行信道的每个时隙发送一个突发脉冲。因为 MS 是要不断地监视 BCCH 射频的功率的，以便于进行小区选择。如果 BCCH 载频的 TCH 时隙有时候不发送信号，就会影响周围的 MS 对该载频信号强度的评估，因为评估信号强度是根据采样点取平均值而得来的。所以如果有 BCCH 载频的时隙处于空闲状态，那就要发送空闲突发脉冲序列，不能让它闲着。具体组成如下：

TB 3 bit	加密比特 58 bit	训练序列 26 bit	加密比特 58 bit	TB 3 bit	GP 8.25 bit

4.1.3　GSM-R 帧结构

GSM-R 是数字化系统，其任务是传输比特流。为了更好地把通信业务与传输方案对应起来，引进了信道的概念。不同的信道可以同时传输不同的比特流，信道可分为物理信道和逻辑信道，逻辑信道至物理信道的映射是指将要发送的信息安排到合适的 TDMA 帧和时隙的过程。

GSM 的无线帧结构有五个层次，即时隙、TDMA 帧、复帧、超帧和超高帧。

（1）时隙是物理信道的基本单元。

（2）TDMA 帧是由 8 个时隙组成的，是占据载频带宽的基本单元，即每个载频有 8 个时隙。

（3）复帧有以下两种类型：

① 由 26 个 TDMA 帧组成的复帧。这种复帧用于 TCH、SACCH 和 FACCH。

② 由 51 个 TDMA 帧组成的复帧。这种复帧用于 BCCH、CCCH 和 SDCCH。

（4）超帧是一个连贯的 51×26 的 TDMA 帧，由 51 个 26 帧的复帧或 26 个 51 帧的复帧构成。

（5）超高帧由 2 048 个超帧构成。

图 4-5 给出 GSM 系统分级帧结构的示意图。

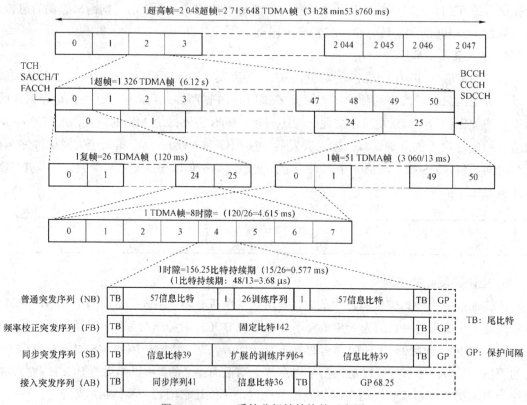

图 4-5 GSM 系统分级帧结构的示意图

4.1.4 GSM-R 信道

每个 TDMA 帧包含 8 个时隙。TDMA 时隙被称为"物理信道"，被用于物理地将信息从一个地方送至另一个地方。MS 和 BTS 之间的无线载波信号被分成连续的时隙流，接下来在一个连续的 TDMA 帧中被传送。为了更有效地利用 TDMA，GSM 在物理层上又设计了 12 种逻辑信道。

GSM-R 中的信道分为物理信道和逻辑信道，一个物理信道为一个时隙（TS）；而逻辑信道是根据 BTS 与 MS 之间传递信息种类的不同而定义的不同逻辑信道，这些逻辑信道映射到物理信道上传送。无线子系统的物理信道支撑着逻辑信道，逻辑信道可分为业务信道和控制信道两大类。其中控制信道也称信令信道。GSM-R 系统逻辑信道图如图 4-6 所示。

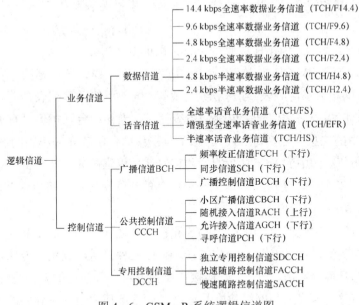

图 4-6　GSM-R 系统逻辑信道图

1. 业务信道（TCH）

TCH 是传信息的通道。TCH 根据发送速率的不同，分为全速率语音信道（TCH/F）和半速率语音信道（TCH/H）。全速率语音的传输速率为 22.8 kbps，半速率语音信道的传输速率为 11.4 kbps。对于全速率话音编码，话音帧长 20 ms，每帧含 260 bit 话音信息，提供的净速率为 13 kbps。

除此之外，TCH 还可以传递数据业务。在全速率或半速率信道上，通过不同的速率适配和信道编码，用户可使用下列各种不同的数据业务，如 9.6 kbps 全速率数据业务信道、4.8 kbps 全速率数据业务信道等。TCH 信道占据了物理信道的绝大部分。

2. 控制信道（CCH）

CCH 是传信令的通道。为了提高 TCH 的使用效率，也为了 TCH 能够正常使用，GSM-R 的设计者设计了一部分物理信道来传输控制信息。

CCH 用于传送信令和同步信号。根据所需完成的功能又把控制信道定义成广播信道（BCH）、公共控制信道（CCCH）和专用控制信道（DCCH）三种控制信道。

1）广播信道

广播信道是一种"一点对多点"的单方向控制信道，用于基站向移动台广播公用的信息。广播信道仅作为下行信道使用，即 BS 至 MS 单向传输。根据传输的内容又分为三种信道。

（1）频率校正信道（FCCH）：传输供移动台校正其工作频率的信息。FCCH 会下发一个长达 142 bit 的全 0 比特，这个特殊比特就是为了让 MS 校正自己振动器的频率并锁定到该 BTS 的频率。只有锁定了该块载频，MS 才能收听到跟随在 FCCH 之后的同步信息 SCH 和

BCCH。FCCH 是点对多点传播的。

FCCH 的目的有两个：一是确认这是一个 BCCH，只有 BCCH 才有 FCCH 信息，FCCH 只在下行的 BCCH 载频的 0 号时隙上传送；二是保证手机的频率和 BTS 一致。

（2）同步信道（SCH）：SCH 携带 MS 帧同步信息（TDMA 帧号）和 BTS 识别码（BSIC）的信息，用于下行信道，在 BCCH 载频的下行链路的 0 号时隙发送。

（3）广播控制信道（BCCH）：传输系统公用控制信息。BCCH 广播的内容包括位置识别号、移动台应监视的相邻小区列表、小区识别号、本小区使用的频率列表、接入控制等。BCCH 就是要向周围不断广播网络的信息，也称为系统信息。当移动台开机但没有通话时，会周期性地监视 BCCH 中的信息（至少每 30 s）。除了监视移动台所驻守的小区的 BCCH 信息外，移动台还会监视相邻小区中的 BCCH 信息，并存储信号更强的 6 个小区的信息。这些小区的 SCH 信息也被存了下来，以便移动台到了一个相邻的新的小区后，可以快速与之同步信息。

2）公共控制信道（CCCH）

CCCH 是一种双向控制信道，用于在 BTS 和移动台之间传递控制信息，完成呼叫建立和寻呼功能。公共控制信道包括 RACH、AGCH、PCH 三种信道。通用和专用是这样划分的：还未建立起连接的就称为通用，已建立好连接的单独占用一条信道的就称为专用。在 RACH、AGCH、PCH 中，移动台尚未与网络建立起连接，尚未单独占用一条独立的信道用于通信，所以称为通用控制信道。

（1）小区广播信道（CBCH）：这是一个下行信道，用来传递需要进行小区广播的信息。

（2）随机接入信道（RACH）：这是一个上行信道，用于移动台随机提出入网申请，即请求分配一个独立专用控制信道（SDCCH），可作为对寻呼的相应或 MS 主叫登记时的接入。RACH 在上行 BCCH 载频的 0 号时隙上传送。

（3）允许接入信道（AGCH）：这是一个下行信道，用于基站对移动台的入网请求做出应答，AGCH 用于为 MS 分配一个独立专用控制信道（SDCCH），AGCH 在下行 BCCH 载频的 0 号时隙上传送。

（4）寻呼信道（PCH）：这是一个下行信道，用于寻呼被叫的移动台。可以同步 TMSI/IMSI 来寻呼移动台。PCH 在下行 BCCH 载频的 0 时隙上传送。

3）专用控制信道（DCCH）

DCCH 是一种"点对点"的双向控制信道，其用途是在呼叫接续阶段，以及在通信进行当中，在移动台和基站之间传输必需的控制信息。

（1）独立专用控制信道（SDCCH）用在分配 TCH 之前，在呼叫建立过程中传送系统信令，例如登记和鉴权在此信道上进行，经鉴权确认后，再分配业务信道。空闲状态下的短消息和小区广播也在 SDCCH 上传送。运营商一般默认将 BCCH 载频的第 2 时隙用来传送 SDCCH。在 SDCCH 上传送的信令消息和事件有位置更新、周期性位置更新、IMSI 分离与附着、呼叫建立、点对点短消息等。

SDCCH 类似于乘客在买票之后（RACH），并不会直接上车（TCH），这时需要一个列车引导员（SDCCH）引导其登上合适的站台，进入合适的列车，列车引导员（SDCCH）会先看票的真伪（鉴权）和车次（可以理解为呼叫请求建立的原因），然后引导其上车。在 GSM – R 中，手机在建立连接之后也通常先占用 SDCCH 并与网络交换信息，等待网络在 SDCCH 上下发立即指配命令后再占用 TCH。

（2）快速辅助控制信道（FACCH）传送与 SDCCH 相同的信息，只有在没有分配 SDCCH 的情况下，才使用这种控制信道。使用时要中断业务信息，把 FACCH 插入业务信道，每次占用时间很短，约 18.5 ms。在上行方向，FACCH 中断 TCH 信号，切换时快速信息交换。

（3）慢速辅助控制信道（SACCH）在移动台和基站之间，需要周期性地传输一些信息，SACCH 是双向的点对点控制信道。SACCH 可与一个业务信道 TCH 或一个独立专用控制信道 SDCCH 联用。SACCH 安排在业务信道时，以 SACCH/T 表示；安排在控制信道时，以 SACCH/C 表示。在上行方向，传递 MS 接收到的当前服务小区及相邻小区的信号测试报告和链路质量报告，这对 MS 相当重要，BSC 要根据这些信息来判断把它切换到哪个小区上去。在下行方向，传递功率控制和定时信息。

4.1.5　信道组合及映射

1. 信道组合

在实际应用中，总是将不同类型的逻辑信道映射到同一物理信道上，称为信道组合。以下为 GSM 系统的 9 种信道组合类型：

（1）全速率业务信道 TCHFull：TCH/F＋FACCH/F＋SACCH/TF；

（2）半速率业务信道 TCHHalf：TCH/H（0，1）＋FACCH/H（0，1）＋SACCH/TH（0，1）；

（3）半速率业务信道 TCHHalf2：TCH/H（0，0）＋FACCH/H（0，1）＋SACCH/TH（0，1）＋TCH/H（1，1）；

（4）独立专用控制信道 SDCCH：SDCCH/8（0，…，7）＋SACCH/C8（0，…，7）；

（5）主广播控制信道 MainBCCH：FCCH＋SCH＋BCCH＋CCCH；

（6）组合广播控制信道 BCCHCombined：FCCH＋SCH＋BCCH＋CCCH＋SDCCH/4（0，…，3）＋SACCH/C4（0，…，3）；

（7）广播信道 BCH：FCCH＋SCH＋BCCH；

（8）小区广播信道 BCCHwithCBCH：FCCH＋SCH＋BCCH＋CCCH＋SDCCH/4（0，…，3）＋SACCH/C4（0，…，3）＋CBCH；

（9）慢速专用控制信道 SDCCHwithCBCH：SDCCH＋SACCH＋CBCH。

以上信道组合中，CCCH＝PCH＋RACH＋AGCH。CBCH 只有下行信道，携带小区广播信息，和 SDCCH 使用相同的物理信道。

每个小区广播一个 FCCH 和一个 SCH。其基本组合在下行方向包括一个 FCCH、一个 SCH、一个 BCCH 和一个 CCCH（PCH＋AGCH），严格地分配到小区配置的 BCCH 载频的 TN0 位置上。

2. 信道映射

GSM – R 系统的逻辑信道数明显超过了 GSM 一个载频所提供的 8 个物理信道，因此要想给每个逻辑信道都配置一个物理信道，一个载频所提供的 8 个物理信道是不够的，需要再增加载频。这样并不是一种高效率的通信。解决上述问题的基本方法是，将公共控制信道复用，即在一个或两个物理信道上复用公共控制信道。

GSM 系统是按下面的方法建立物理信道和逻辑信道间的映射对应关系的：

一个基站有 N 个载频，每个载频有 8 个时隙。将载频定义为 f0，f1，f2，…，对于下行链路，从 f0 的第 0 时隙（TS0）起始。TS0 只用于映射控制信道，f0 也称为广播控制信道（BCCH）。图 4−7 为 BCCH 和 CCCH 在 TS0 上的复用。

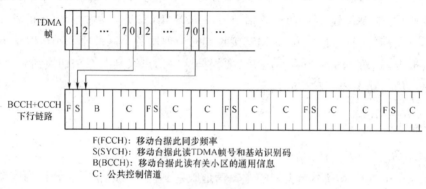

图 4−7　BCCH 和 CCCH 在 TS0 上的复用

BCCH 和 CCCH 共占用 51 个 TS0 时隙，尽管只占用了每一帧的 TS0 时隙，但从时间上讲，长度为 51 个 TDMA 帧。作为一种复帧，以每出现一个空闲帧作为此复帧的结束，在空闲帧之后，复帧再从 F、S 开始进行新的复帧。以此方法进行重复，即构成 TDMA 的复帧结构。

在没有寻呼或呼叫接入时，基站也总在 f0 上发射。这使移动台能够测试基站的信号强度以决定使用哪个小区为合适。

对上行链路，f0 上的 TS0 不包括上述信道，它只用于移动台的接入，即用于上行链路作为 RACH 信道。图 4−8 为 TS0 在 RACH 信道上的复用。

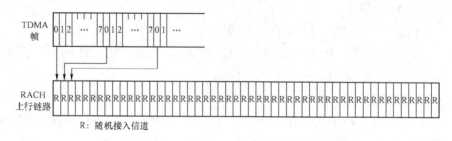

图 4−8　TS0 在 RACH 信道上的复用

BCCH、FCCH、SCH、PCH、AGCH 和 RACH 均映射到 TS0。RACH 映射到上行链路，其余映射到下行链路。

下行链路 f0 上的 TS1 时隙用来将专用控制信道映射到物理信道上，其复用（下行）如图 4−9 所示。

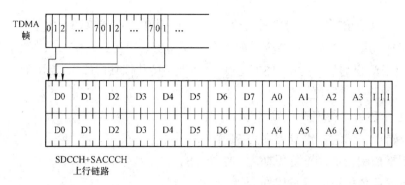

图 4−9　SDCCH 和 SACCH 在 TS1 上的复用（下行）

　　由于呼叫建立和登记时的比特率相当得低，所以可在 1 个时隙上放 8 个专用控制信道以提高时隙的复用率。

　　SDCCH 和 SACCH 共有 102 个时隙，即 102 个时分复用帧。

　　SDCCH 的 DX（D0，D1，…）只用于移动台建立呼叫的开始时使用；当移动台转移到业务信道 TCH 上，用户开始通话或登记完释放后，DX 就用于其他的移动台。

　　SACCH 的 AX（A0，A1，…）主要用于传送那些不重要的控制信息，如传送无线测量数据等。

　　上行链路 f0 上的 TS1 与下行链路 f0 上的 TS1 有相同的结构，只是它们在时间上有一个偏移，即意味着对于一个移动台同时可双向接续。图 4−10 中给出了 SDCCH 和 SACCH 在 TS1 上的复用（上行）。

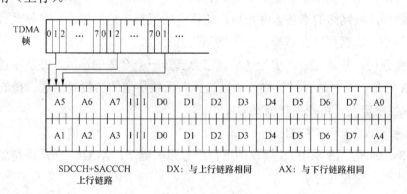

图 4−10　SDCCH 和 SACCH 在 TS1 上的复用（上行）

　　载频 f0 上的上行、下行的 TS0 和 TS1 供逻辑控制信道使用，而其余 6 个物理信道 TS2～TS7 由 TCH 使用。TCH 到物理信道的映射如图 4−11 所示。

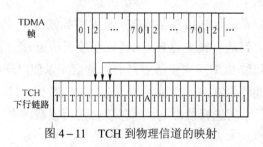

图 4−11　TCH 到物理信道的映射

图 4-11 中只给出了 TS2 时隙的时分复用关系，其中 T 表示 TCH，用于传送语音或数据；A 表示 SACCH，用于传送控制命令，如命令改变输出功率等；I 为 IDLE 空闲，它不含任何信息，主要用于配合测量。时隙 TS2 是以 26 个时隙为周期进行时分复用的，以空闲时隙 I 作为重复序列的开头或结尾。

通过以上论述可以得出在载频 f0 上：

TS0：逻辑控制信道，重复周期为 51 个 TS。

TS1：逻辑控制信道，重复周期为 102 个 TS。

TS2：逻辑业务信道，重复周期为 26 个 TS。

TS3~TS7：逻辑业务信道，重复周期为 26 个 TS。其他 f0~fN 个载频的 TS0~TS7 全部是业务信道。

4.2 移动性管理

4.2.1 小区选择与重选

1. 小区选择

小区选择是指处于空闲模式的移动台选择网络中合适的小区，以实现移动台记录网络发出的数据，做好接入网络的准备，并把自己的移动情况报告给网络。一旦移动台选择了某个小区作为服务小区，就可以在该小区上与网络进行通信。

当移动台开机，并且完成网络选择后，它会选择一个合适的小区，并从中提取控制信道的参数和 TA 消息。这种选择过程称为小区选择。无线信道的质量是小区选择的重要因素。

GSM 规范中定义了路径损耗准则 C1。

$$C1 = （RxLev - ACCMIN）$$

其中：RxLev 是 MS 从 BTS 接收的下行信号强度电平；ACCMIN 是系统允许 MS 接入本小区的最小信号强度电平。

C1 体现了系统对移动台接入需要的最小下行信号强度要求，并对移动台造成的上行信号不足进行了补偿。移动台选择 C1 值最大的小区进行接入，在各种条件不发生重大变化的情况下，移动台将停留在所选小区。小区选择的流程示意图如图 4-12 所示。

小区选择流程说明如下：

（1）移动台对所有频率进行扫描并存储电平最大的载波；

（2）移动台将频率调到最强载波的 FCCH（频率校正信道）；

（3）移动台读取该载波 SCH（同步信道）上的数据，以便对广播消息进行解码；

（4）移动台读取该载波 BCCH（广播控制信道）上的数据；

（5）如果该载波满足小区选择的准则，则移动台使用该载波进行通信；否则，移动台尝试下一个最强的导频载波。

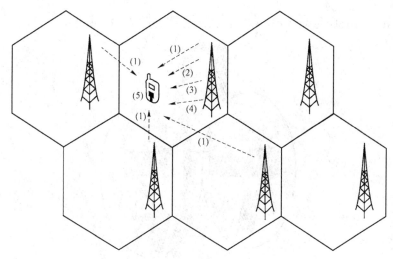

图 4-12　小区选择流程示意图

2. 小区重选

小区重选就是移动台在空闲模式（IDLE）下改变主服务小区的过程。移动台选择小区后，在各种条件不发生重大变化的情况下，移动台将停留在所选的小区中，同时移动台开始测量邻近小区的 BCCH 载频的信号电平，记录其中信号电平最大的 6 个相邻小区，并从中提取出每个相邻小区的各类系统消息和控制信息。在满足一定的条件时，移动台将从当前停留的小区转移到另一个小区。

因为现行的移动蜂窝技术将整个服务区分为若干个小的区域，用很多小功率发射机覆盖每个小区，以实现频率复用。另外，因为手机移动的特性，其主服务小区是在不停地变化的。为了使移动台在移动的过程中和网络保持联系，必须采用一定的重选机制保证移动台在空闲模式下能够通过重选变更主服务小区，保持和网络的联系。同时，也是业务平衡的需要。

小区重选算法类似小区选择算法，采用 C2 准则。C2 准则在考虑无线信道的质量的基础上，尽量使 MS 驻留在原小区。

4.2.2　位置更新

当 MS 处于空闲模式时，怎样确定其位置很重要，只有明确知道 MS 的当前位置，才能与 MS 及时建立连接。网络检测 MS 的状态信息和位置信息并进行记录的过程称为位置更新。GSM-R 系统中的位置更新可分为三种情况：一般性位置更新、IMSI 附着/分离和周期性位置更新。

1. 一般性位置更新

用户漫游发生位置区改变时，移动台（MS）主动发起位置更新操作，如果原位置区（LA）与新 LA 都属于同一个 MSC/VLR 时，则可以简单地在 VLR 中修改；如果不属于同一个 MSC/VLR 时，新 MSC/VLR 就要向 HLR 要求获得该 MS 的数据，HLR 在送出新 MSC/VLR 所需信息的同时，通知原 MSC/VLR 进行位置删除，并在新的 MSC/VLR 中注册该 MS，在

HLR 中登记 MS 的 MSC 号码/VLR 号码。其示意图如图 4-13 所示。

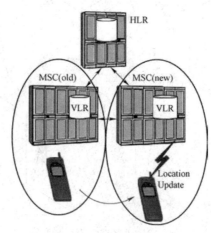

图 4-13　位置更新示意

2. IMSI 附着/分离

当 MS 关机（或 SIM 卡拿掉后），该 MS 不能建立任何连接。如果 MSC 仍然对它进行正常的寻呼，必然浪费宝贵的资源。IMSI 附着/分离过程的引入就是为了避免这种不必要的浪费。

用户开机时要发起位置更新操作，其当前所在的位置区将登记在用户所在的 MSC/VLR 中，如果当前 MSC/VLR 中没有用户记录，则根据用户 IMSI 向 HLR 请求用户数据。HLR 记录用户当前位置（记录当前的 MSC/VLR 号码），并将用户数据传送给 MSC/VLR。MSC/VLR 将用户状态置为"附着"。

如果 MSC/VLR 中有用户数据，则不必向 HLR 要数据，只发起 MSC/VLR 内的位置更新操作，然后将用户状态置为"附着"。

当 MS 关机时，MS 发消息给 MSC/VLR，网络收到后认为 MS 已经关机，从而将用户状态置为"分离"。

3. 周期性位置更新

当 MS 关机时，有可能因为无线质量差或其他原因，GSM 系统无法获知，而仍认为 MS 处于"附着"状态。或者 MS 开着机，漫游到覆盖区以外的地区，即盲区，GSM 系统也无法知道，仍认为 MS 处于"附着"状态。在这两种情况下，该用户若被呼叫，系统将不断地发出寻呼消息，无效占用无线资源。

为了解决上述问题，GSM 系统采取了强制登记的措施。要求 MS 每过一定时间登记一次，这就是周期性位置更新。

但如果用户长时间无操作（由系统管理员灵活设定，一般为 24 h），VLR 将自动删除该用户数据，并通知 HLR。

4.2.3　呼叫接续

移动用户在同一个移动通信网 PLMN 的不同位置区间、在不同 PLMN 间移动的过程都称为漫游。漫游是移动通信中的常用术语，指的就是移动终端在离开本地区或本国时，仍可以在其他一些地区或国家继续正常使用移动通信业务。GSM-R 网络作为铁路专用移动通信系统，目前并不开放与其他网络间的漫游服务，也不允许其他网络的移动用户漫游到 GSM-R 网络中，因此 GSM-R 网络所称的漫游，主要指在不同铁路局 MSC 下小区间的移动过程。

移动用户主呼和被呼的接续过程是不同的，下面分别讨论移动用户主呼与被呼的过程。

1. 移动台发起呼叫

移动用户作主叫时的信令过程从 MS 向 BTS 请求信道开始，到主叫用户 TCH 指配完成为止。分为四个阶段：接入阶段、鉴权加密阶段、TCH 指配阶段、取被叫用户路由信息阶段。其主叫信令流程图如图 4-14 所示。

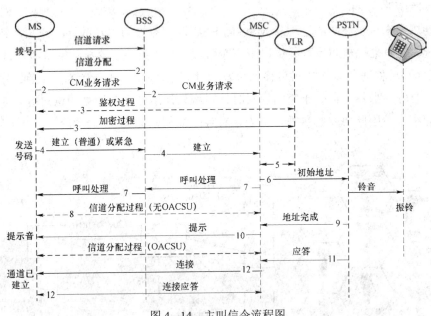

图 4-14　主叫信令流程图

移动台发起呼叫接续流程说明如下：

（1）移动台通过在 RACH 上发送 CHANNEL REQUEST 消息，请求网络分配信道而发起呼叫。

（2）网络在专用信道上应答 IMMEDIATE ASSIGNMENT 消息并分配信道 TCH、FACCH 或 SDCCH，移动台就可以在已分配的信道上发送业务请求。

（3）如果网络需要鉴权的话，VLR 可以发起鉴权和加密过程。

（4）对于普通呼叫，移动台向 MSC 发送 SETUP 消息（包含被叫方的号码），发起呼叫建立过程。对于紧急呼叫，移动台向 MSC 发送 EMERGENCY SETUP 消息。

（5）MSC 向 VLR 查询该用户是否具有呼叫此业务的能力。

（6）如果该用户具有呼叫能力，MSC 通过 INITIAL ADDRESS 消息转发被叫方的号码。

（7）MSC 向移动台发送 CALL PROCEEDING 消息，进行呼叫的处理过程。如果提供了 eMLPP 业务，CALL PROCEEDING 消息中还应包含呼叫优先级。支持 eMLPP 的移动台应存储关于呼叫优先级的信息，不支持 eMLPP 的移动台则忽略该信息。

（8）对于早期的信道分配，呼叫处理后开始分配业务信道。对于晚期的信道分配，应在第 10 步移动台收到 ALERTING 消息后开始分配业务信道。

（9）PSTN 对被叫方电话产生振铃后，给 MSC 返回 ISUP ADDRESS COMPLETE 消息。

（10）收到 ISUP ADDRESS COMPLETE 消息后，MSC 向移动台发送 ALERTING 消息，产生提示音，提示用户正在接通被叫方。

（11）被叫方拿起听筒后，PSTN 向 MSC 发送 ISUP ANSWER 消息。

（12）MSC 连接移动台，移动台向 MSC 发送 CONNECT ACKNOWLEDGE 消息，确认连接并开始通信。如果移动台收到网络或被叫方无法接通的指示，则由网络发起呼叫释放过程。

2. 移动台接收呼叫

对移动用户来说，被叫的过程从 MSC 向 BSC 发起对被叫用户的寻呼开始，到主叫和被叫通话为止，一般来说被叫流程经历以下三个阶段：接入阶段、鉴权加密阶段、TCH 指配阶段（通话阶段）。移动台接收呼叫与移动台发起呼叫最大的区别在于移动台接收呼叫需要对移动台进行寻呼。当移动台处于空闲模式时，网络只知道移动台所处的位置区，而不知道移动台所处的小区。因此要发起寻呼，首先来看寻呼流程，如图 4-15 所示。

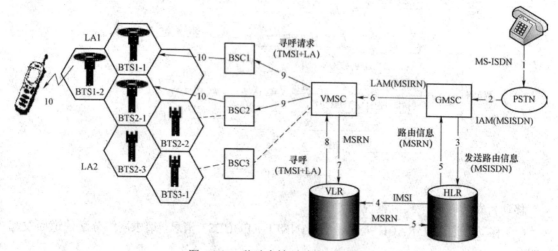

图 4-15　移动台被叫时的寻呼流程

寻呼流程大致如下：

（1）呼叫用户通过拨打 MSISDN 号进入到 PSTN。PSTN 的呼叫切换到 GMSC。

（2）PSTN 将 MSISDN 号通过 INITIAL ADDRESS 消息发送到 GMSC（网关 MSC）。

（3）GMSC 将 MSISDN 号通过 SEND ROUTING 消息发送到 HLR。

（4）HLR 向 VMSC（访问 MSC）的 VLR 提供被叫用户的 IMSI，从而查询当前该 VLR 正在服务的用户。

（5）VLR 向 HLR 返回漫游号 MSRN 并转送到 GMSC。

（6）GMSC 通过包含漫游号 MSRN 的 INITIAL ADDRESS 消息呼叫 VMSC。

（7）VMSC 根据漫游号 MSRN 向 VLR 查询被叫用户所处的位置区。

（8）VLR 通过 PAGING 消息将位置区 LA1 信息返回到 VMSC。

（9）VMSC 向所有属于位置区 LA1 的基站控制器 BSC1 和 BSC2 发送 PAGING REQUEST 消息。

（10）所有属于该位置区的基站 BTS1-1、BTS1-2 和 BTS2-1 在本小区内寻呼被叫用户。不同类型的寻呼消息可以寻呼的用户数和寻呼方式不同，第一类寻呼消息最多寻呼两个移动台，根据移动台的 TMSI 或 IMSI 进行识别；第二类寻呼消息最多寻呼两个或三个移动台，其中两个移动台根据它们的 TMSI 进行识别，第三个移动台根据它的 TMSI 或 IMSI 进行识别；第三类寻呼消息最多寻呼四个移动台，根据移动台的 TMSI 进行识别。

固定用户呼叫移动用户的接续过程如图 4-16 所示。

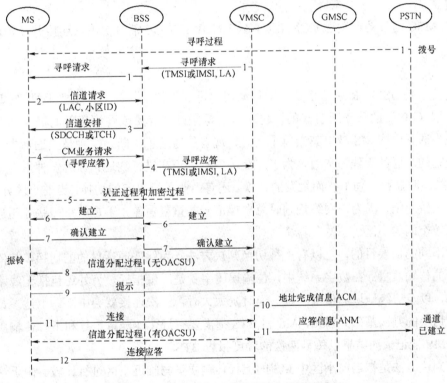

图 4-16　固定用户呼叫移动用户的接续过程

其信令流程说明如下：

（1）呼叫用户拨打 MSISDN 号发起寻呼过程，VMSC 向所有属于被叫用户所处位置区的 BSC 发送 PAGING REQUEST 消息，所有属于被叫用户所处位置区的基站向被叫小区的移动台发送 PAGING REQUEST 消息。

（2）移动台在 RACH 上发送 CHANNEL REQUEST 消息，该消息包含业务请求的原因为寻呼。

（3）基站子系统发送 IMMEDIATE ASSIGNMENT 消息，分配一个专用信道给移动台。

（4）移动台向 VMSC 发送 PAGING RESPONSE 消息，应答寻呼请求。

（5）如果网络需要鉴权的话，VLR 可以发起鉴权和加密过程。

（6）MSC 向移动台发送 SETUP 消息，发起呼叫建立过程。

（7）移动台向 MSC 返回 CALL CONFIRMED 消息，应答呼叫建立。

（8）对于早期的信道分配（无 OACSU），MSC 收到 CALL CONFIRMED 消息后开始分配业务信道。对于晚期的信道分配（有 OACSU），应在第 11 步网络收到 CONNECT 消息后开始分配业务信道。

（9）产生振铃音，提示用户接听电话，移动台向 MSC 发送 ALERTING 消息。

（10）收到 ALERTING 消息后，MSC 向 PSTN 发送 ADDRESS COMPLETE 消息。

（11）移动台向 MSC 发送 CONNECT 消息，MSC 向 PSTN 发送 ANSWER 消息，提示通道已经建立。

（12）MSC 向移动台发送 CONNECT ACKNOWLEDGE 消息，确认连接并开始通信。

4.2.4 切换

切换技术是 GSM-R 通信系统保证移动用户进行正常通信的一种重要手段。它既可能是由用户终端（MS）的移动所引起的，也有可能是频谱、容量或网络管理的需要。切换的目的是保证当通话中的 MS 越出其当前小区时，现有的通话不中断。一种是当通话中的 MS 要越出管理它的小区的无线覆盖时，为了避免丢失一个正在进行的通话。另一种是为了优化干扰电平，能够明显避开强干扰而触发的切换。还有由业务量引起的切换，当前小区异常拥挤，而临近小区较空闲，因为在网络规划时总要保证一些重复覆盖，于是就将一些呼叫从拥挤小区切换到较空闲的小区。

根据不同的切换目的，可以有多种切换判决方法。为保证通话目的的切换，其依据是上行和下行的传输质量。在数字系统中，传输误码率就是质量指标。另外还包括无线路径上的传输损耗，以及边缘地域的传播时延。当时延太大时，一次连接就会中断。上述参数的测量值是执行切换的判决基础。因此，MS 和 BTS 都需要有规律地测量上行和下行传输质量和接收电平。MS 把记录的结果以每秒两次的频度报告 BTS。

另一判决方法是把当前小区中 MS 的上行传输质量与临近小区进行比较。由于这个过程比较复杂，目前大多数是采用 MS 与临近小区的路径损耗作为比较的依据。实际上，MS 仅测量下行传输情况，根据无线传播的互易定理，可以假定上下行的传输损耗是一致的。

由于拥塞引发的切换过程，需要依据每个 BTS 的当前负载量进行判决，这个值只有 MSC 和 BSC 知道。这与前面两种切换过程大不相同。这个过程要求在给定的小区内，由于话务量原因，命令一定量的 MS 切换，而不明确指明是哪些 MS（通常是一些由于其他原因已经接近门限的 MS）。因此，这类切换还要结合其他判决方法和相应的测量。

1. 切换分类

不同的原因都会要求执行切换规程，不过所有这些情况里，都是由 BSC 决定对一个给定移动台的切换尝试。一旦做出决定，并且选择了新的小区，真正的切换必须在移动台和管理新小区、原小区（新、原 BTS）的设备之间协调进行。

根据三个主要准则，切换主要分为以下几个分类。

1）按触发方式分

功率预算切换 PBGT：当前主服务小区的信号尚可，但是有邻区能提供更好的服务，这个时候就会发生 PBGT 切换。PBGT 切换旨在让用户永远驻留在最好的小区，现网中 PBGT 切换占 60%以上。

救援性电平切换：由于主服务小区的电平值低于门限值，再不切换将导致无法正常通信，这个时候就会发生救援性电平切换。

救援性质量切换：由于主服务小区提供的信号误码率高于门限值，再不切换将导致无法正常通信，这个时候就会发生救援性质量切换。

基于距离的切换：由于用户与基站的距离超过一定的值，将发生基于距离的切换。

基于话务的切换：由于本小区的话务量达到饱和状态而不得不进行负荷控制，强制某些低级别的用户发生切换。

2）按时间提前量分

同步切换：由于新旧小区是同步的，移动台能计算新的时间提前量。

异步切换：在切换规程期间，时间提前量必须由移动台和 BTS 两者启动。

3）按交换点的位置分

BSC 内切换：BSC 内部 BTS 之间的切换和同一 BTS 内的切换；

BSC 间切换：MSC 内部 BSC 之间的切换；

MSC 间切换：MSC 之间的切换。

2. 切换实现的方法原理

1）小区层级的配置

小区分层采用相对层，对每一个服务小区，可以配置邻小区为未定义、上层、同层或下层。在切换的过程中，进行候选小区排序时要考虑小区的优先级。因此，候选小区排序的决定因素有三个：优先级、业务量、无线情况。它们对小区排序的影响力以优先级和业务量为主，这两样导致的结果相同的情况下，再按照无线情况进行排序。

2）测量报告预处理

测量报告是切换判决所依据的原始数据，ZXG10 处理采用滚动平均法，但可以带不同的权值，独特的处理能使切换平滑。它的处理方法有如下特点：

（1）测量报告数要达到平均窗口大小，才能进行平均。

（2）如果 DTX 打开，测量报告中的电平和质量值的准确性会下降，因此加权平均时使用 DTX 的测量报告的权重应该跟未使用 DTX 的测量报告的权重不同。DTX 打开时的测量报告的权重固定为 1，DTX 未打开的测量报告的权重可以配置为（1，2，3），如果配置 1，两者没有区别。

（3）最多允许丢失 Zero Allowed 个测量报告，丢失过多队列复位。对于丢失的测量报告当作测量值为 0 处理，但该值不参加平均，例如：

第 $K-1$ 个测量报告丢失，平均窗口为 8，则平均值 $=1/7$（RxLev_NCell $(K)+0+$RxLev_NCell$(K-2)+\cdots+$RxLev_NCell$(K-7)$）。

（4）功率控制以后，对相关切换的判决进行功率补偿。

3）目标小区的选择

当某次比较成功后，也就是 BSC 决定切换后，需要根据不同的切换原因来选择目标小区。ZXG10 的目标小区选择是独特的，能根据不同切换原因找到最合适的目标小区。当发生小区内切换时，根据切换的原因指出新信道所在的 TRX 的类型，有宏蜂窝普通 TRX、宏蜂窝特殊 TRX 和微蜂窝中其他的 TRX。在扩展小区中 HO_NEARTOFAR 情况新信道所在的 TRX 的类型取扩展载频，HO_FARTONEAR 情况新信道所在的 TRX 的类型取普通载频。当发生小区间切换时，根据以下的公式选择目标小区：

选择准则 1：

$$AvRxLevNCell (n) > RXLEV\_MIN (n) + MAX (0, (MS\_TXPWR\_MAX (n) - P (n)))$$

选择准则 2：

$$PBGT (n) > HO\_MARGIN (n)$$

选择准则 3：

$$AvRxLevNCell (n) > avRxLevDL + HO\_MARGIN\_QUAL (n)$$

选择准则 4：

$$AvRxLevNCell (n) > avRxLevDL + HO\_MARGIN\_LEVEL (n)$$

参数	含义
RXLEV_MIN (n)	该相邻小区切入要求的最小电平
PBGT (n)	该相邻小区的功率预算
HO_MARGIN (n)	切入该相邻小区的功率预算阈值
HO_MARGIN_QUAL (n)	切入该相邻小区的电平阈值
HO_MARGIN_LEVEL (n)	切入该相邻小区的误码率阈值
MS_TXPWR_MAX (n)	MS 在该邻近小区中允许的最大功率
P (n)	MS 在相邻小区的功率能力
avRxLevDL	当前 MS 的下行方向强度平均值
AvRxLevNCell (n)	该邻近小区下行方向强度平均值

准则 1 是必须满足的条件，即切入的相邻小区的平均电平必须大于最小切入电平。切换原因为"更好小区"使用准则 2，切换原因为"上下行质量"使用准则 3，切换原因为"上下行强度"使用准则 4。除了快速衰落以外，只要指出目标小区和服务小区的层次关系和采用的选择准则就可以得到具体的小区，在经过排序模块后，得到排序后的小区列表。如果目标小区包括不同层次的小区，把先后找到的几个小区列表根据顺序先后相连，就合并成最后的结果。

4）目标小区的排序

当找到不止一个邻接小区时，应该对这些邻接小区进行排序，排好序后则按照这个列表依次尝试切换。

ZXG10 按照优先级、惩罚等综合考虑后的排序策略，能提高切换成功率，控制切换流向。相邻小区列表排序的规则是：首先按照小区的动态优先级排序，如果两个小区的动态优先级相同，相同的小区再按照各自的功率预算裕度排序。对于目标小区中的扩展小区，可以考虑优先级偏低。动态优先级主要取决于小区的静态优先级和小区的资源百分比。小区的静态优先级有 0～7 共 8 级，级数越大，优先级越高，可根据业务量的统计规律进行设置。设置静态优先级最主要的根据是小区的地理位置。

3. 切换流程

BSC 或 MSC 一旦决定要进行切换，就要按照规定的信令流程来完成切换过程。GSM-R 系统采用硬切换方式，即在 MS 与新基站建立连接之前，先中断与旧基站的连接。GSM-R 系统的切换主要分为三种情况，即 BSC 内部切换、BSC 之间切换和 MSC 之间切换。

1）BSC 内部切换

在由同一 BSC 控制的两个小区间进行的越区切换，属于 BSC 内部切换，这种切换由 BSC 进行控制。BSC 内部切换流程如图 4-17 所示。

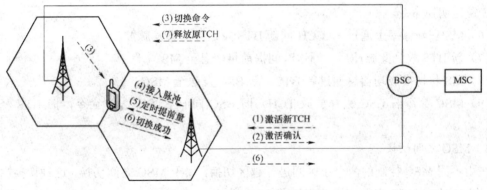

图 4-17　BSC 内部切换流程图

（1）BSC 根据小区信号测量报告决定进行切换，BSC 要求新 BTS 激活一个 TCH。

（2）新 BTS 激活此 TCH 并告知 BSC。

（3）BSC 通过旧 BTS 的 FACCH 向 MS 发送切换命令，此命令包括频率、时隙及发射功率参数等。

（4）MS 在新频率上通过 FACCH 向新 BTS 发送一个切换接入突发脉冲。

（5）新 BTS 收到此突发脉冲后，将时间提前量信息通过 FACCH 回送 MS。

（6）MS 将切换成功信息通过新 BTS 发送至 BSC。

（7）BSC 通知旧 BTS 释放原 TCH，然后旧 BTS 释放原 TCH。

2）BSC 之间切换

在由相同 MSC、不同 BSC 控制的两个小区间进行的越区切换，属于 BSC 之间切换，这种切换由 MSC 进行控制。BSC 之间切换流程如图 4-18 所示。

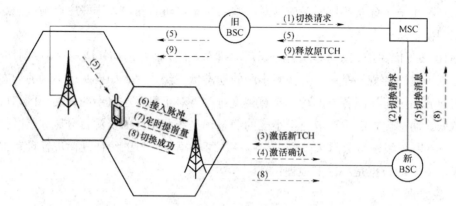

图 4-18　BSC 之间切换流程图

（1）根据小区信号测量报告，旧 BSC 把切换请求及切换目的小区标识一起发给 MSC。

（2）MSC 向新 BSC 发送切换请求。

（3）新 BSC 通知新 BTS 激活一个 TCH。

（4）新 BTS 激活此 TCH 并告知新 BSC。

（5）新 BSC 把包含频率、时隙及发射功率的参数传到 MSC，MSC 通过旧 BSC、旧 BTS 向 MS 发送切换命令。

（6）MS 在新频率上通过 FACCH 向新 BTS 发送接入突发脉冲。

（7）新 BTS 收到此脉冲后，回送时间提前量信息至 MS。

（8）MS 将切换成功信息通过新 BTS、新 BSC 发送至 MSC。

（9）MSC 命令旧 BSC 去释放原 TCH，旧 BSC 向旧 BTS 转发此命令，旧 BTS 释放原 TCH。

3）MSC 之间切换

在由不同 MSC 控制的两个小区间进行越区切换，属于 MSC 之间切换，这种切换由两个 MSC 共同控制。MSC 之间切换流程如图 4-19 所示。

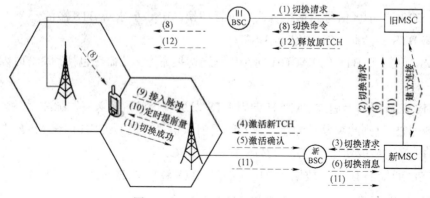

图 4-19　MSC 之间切换流程图

（1）根据 MS 发来的小区信号测量报告，旧 BSC 把切换目标小区标识和切换请求发至旧 MSC。

（2）旧 MSC 判断出小区属于另一 MSC 管辖，向新 MSC 发送切换请求。

（3）新 MSC 为该 MS 分配一个切换号 HON，并向新 BSC 发送切换请求。

（4）新 BSC 要求新 BTS 激活一个 TCH。

（5）新 BTS 激活此 TCH 并告知新 BSC。

（6）BSC 回送信息至新 MSC，新 MSC 将收到信息并与 HON 一起转至旧的 MSC。

（7）一个连接在 MSC 间被建立。

（8）旧 MSC 通过旧 BSC、旧 BTS 向 MS 发送切换命令，其中包含频率、时隙和发送功率。

（9）MS 在新频率上通过 FACCH 向新 BTS 发送接入突发脉冲。

（10）新 BTS 收到此脉冲后，回送时间提前量信息至 MS。

（11）MS 通过新 BTS、新 BSC 和新 MSC 向旧 MSC 发送切换成功信息。

（12）旧 MSC 命令旧 BSC 去释放原 TCH，旧 BSC 向旧 BTS 转发此命令，旧 BTS 释放原 TCH。

第5章

GSM-R 业务及应用

GSM-R 业务是指用户使用 GSM-R 系统所提供设施的活动，也就是说，一项 GSM-R 业务就是 GSM-R 系统为了满足某个特定用户的通信要求而向用户提供的服务。GSM-R 系统既可以提供类似 GSM 系统的普通业务，也能提供面向铁路运输生产的特色业务。

5.1 GSM-R 业务模型

GSM-R 系统是专门为铁路通信设计的综合专用数字移动通信系统，它基于 GSM 的基础设施及其提供的 ASCI（高级语音呼叫业务），其中包含 eMLPP（增强多优先级与强拆）、VGCS（语音组呼）和 VBS（语音广播），并提供铁路特有的调度业务，包括功能寻址、功能号呼叫、接入矩阵和基于位置的寻址，并以此作为信息化平台，使铁路部门用户可以在此信息平台上开发各种铁路应用。图 5-1 为 GSM-R 系统的业务模型层次结构图。

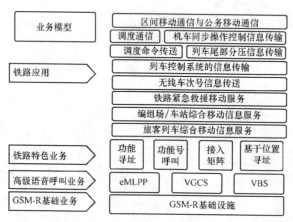

图 5-1 GSM-R 系统业务模型层次结构

GSM-R 系统的业务模型可分为四层，由下至上分别为 GSM-R 基础业务、高级语音呼叫业务（ASCI）、铁路特色业务和铁路应用。GSM-R 系统继承自 GSM 系统，其在网络结构、功能协议等方面与 GSM 系统基本一致。为满足铁路特有的通信需求，GSM-R 系统还要提供高级语音呼叫业务和铁路特色业务。高级语音呼叫业务主要包括增强多优先级与强拆（eMLPP）、语音组呼（VGCS）和语音广播（VBS）。铁路特色业务主要包括功能号呼叫、接入矩阵、功能寻址和基于位置寻址。GSM-R 系统可为铁路提供多方面的应用，如调度通信、列控信息传送、无线车次号信息传送、调度命令传送、区间/公务移动通信等。

5.2　GSM-R 基础业务

GSM-R 业务是以 GSM 业务为基础的。GSM-R 基础业务概括起来如图 5-2 所示。

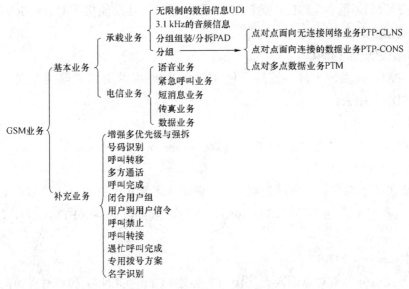

图 5-2　GSM-R 基础业务

GSM 分为基本业务和补充业务。基本业务按功能又可分为承载业务和电信业务（又称用户终端业务）。承载业务是指在两个接入点之间传送信号的能力。电信业务是指为用户通信提供的包括终端设备功能在内的完整能力的通信业务。

GSM-R 承载业务和电信业务关系如图 5-3 所示。

图 5-3　GSM-R 承载业务和电信业务的关系

5.2.1　承载业务

承载业务主要描述了从 GSM-R 网络的用户接入点到其他网络的用户接入点之间的传输信息的网络能力。所有的承载业务都支持在 R/S 参考点之间（移动终端与终端设备之间）的信息传输和由多个子速率通过速率适配合成一个信息流的信息传输。承载业务主要分为以下几类。

1. 无限制的数据信息（UDI）

这一业务是指信息以固定不变的比特率传输，保持比特序列的独立性和完整性。

2. 3.1 kHz 的音频信息

这是指与 GSM-R 网络外部的连接，在 MSC 中常选择"3.1 kHz 音频"作为互连功能。当需要与 ISDN 或 PSTN 中的 3.1 kHz 音频业务进行互连时，以及需要在互连功能中选择调制解调器时，就会使用这项承载业务。"GSM-R 网络外部"是指 3.1 kHz 的音频业务仅在 GSM-R 网络外部使用，即 ISDN 或 PSTN，用户通过互连功能接入 GSM-R 网络后使用的是无限制的数据信息业务。

3. 分组组装/分拆（PAD）

为一个 PAD 提供一个异步连接，使 GSM-R 网络的用户能够接入到一个分组网络（PSP-DN/ISDN）中去。

4. 分组

分组又可分为点对多点业务（PTM）和点对点业务（PTP）。

1）点对多点业务（PTM）

GPRS 提供的点对多点业务可根据某个业务请求者要求，把信息送给多个用户，又可细分为点对多点多信道广播业务（PTM-M）、点对多点群呼业务（PTM-G）、IP 广播业务（IP-M）。

2）点对点业务（PTP）

PTP 业务又可分为点对点面向无连接网络业务（PTP-CLNS）和点对点面向连接的数据业务（PTP-CONS）。

（1）点对点面向无连接网络业务（PTP-CLNS）。

PTP-CLNS 属于数据报类型业务，各个数据分组彼此互相独立，用户之间的信息传输不需要端到端的呼叫建立程序，分组的传送没有逻辑连接，分组的交付没有确认保护，主要支持突发非交互式应用业务，是由 IP 协议支持的业务。

（2）点对点面向连接的数据业务（PTP-CONS）。

PTP-CONS 属于虚电路型业务，它为两个用户或多个用户之间传送多路数据分组建立逻辑虚电路。PTP-CONS 业务要求有建立连接、数据传送和连接释放工作程序。PTP-CONS 支持突发事件处理和交互式应用业务，是面向连接网络协议，如 X.25 协议支持的业务，在无线接口，利用确认方式提高可靠性。

5.2.2　电信业务

电信业务最主要的是电话业务，它为 GSM-R 系统内部的用户之间或 GSM-R 系统的用户与其他网络的用户之间提供电话通信。主要提供的业务如下。

1. 语音业务

第一类语音业务主要包括电话和紧急呼叫两类独立的业务。电话业务提供话音的传输和 ISDN/PSTN 中音频信令的传输，GSM-R 网络和固定网络中一样，都可以使用一些语音处理技术。

　　紧急呼叫业务必须提供标准化的接入，移动台必须支持国家的紧急呼叫号码，网络不需要移动台提供 IMSI 和 TMSI 号就可以接受紧急呼叫。

2. 短消息业务

　　短消息业务分为点对点和小区广播消息业务两种。点对点的短消息业务由短消息业务中心 SMS-SC 完成信息存储和前转功能。SMS-SC 是与 GSM-R 系统在功能上完全分离的实体，它们之间能够互连。小区广播短消息业务由小区广播短消息业务中心向该小区基站范围内的所有移动台发送短消息，这类短消息在控制信道内传送，不需要回复确认。

3. 传真业务

　　传真业务主要指 3 类传真业务，又可分为两类：语音和传真交替的业务、自动传真业务。这类终端业务允许将 3 类传真设备连接到移动台上，传真设备可以在 ISDN、PSTN 和 GSM-R 网络之间建立连接。传真业务可以使用多个全速率信道，即使在较差的无线环境中也要求具有较高的 QoS。

4. 数据业务

　　GPRS 系统提供的电信业务即为用户终端获取的数据业务，可分为点对点终端数据业务和点对多点终端数据业务两类。

5.2.3　补充业务

　　补充业务是对基本电信业务的修改和补充。一个补充业务可能会应用于多个电信业务。GSM-R 支持多种补充业务。

1. 增强多优先级与强拆业务（eMLPP）

　　eMLPP 业务规定了在呼叫建立或越区切换时呼叫接续的不同优先级，以及资源不足时的资源抢占能力。优先级是指为一个呼叫提供某个较高的级别，以实现快速呼叫的建立。强拆是指抢夺通信资源，在缺乏空闲资源的情况下，一个低优先级的呼叫会被一个高优先级的呼叫强拆。

2. 号码识别

　　号码识别主要分为以下四类：

　　（1）主叫线识别显示（CLIP）：向被叫方提供主叫方的号码显示。

　　（2）主叫线识别限制（CLIR）：主叫方禁止将号码显示给被叫方。

　　（3）被叫线识别显示（CoLP）：向主叫方提供被叫方的号码显示。

　　（4）被叫线识别限制（CoLR）：被叫方禁止将号码显示给主叫方。

3. 呼叫转移

　　呼叫转移分为呼叫转向（CD）和呼叫前转（CF）。

　　1）呼叫转向（CD）

　　定制这项业务的用户 A 在遇到一个来呼 B 时可以请求将呼叫转到另一个号码 C，用户 A 自己不需要接听。呼叫转向的请求必须在连接建立之前提出，一旦用户 A 已经应答，就不能使用呼叫转向了。

2）呼叫前转（CF）

呼叫前转可以分为四类。

（1）无条件呼叫前转（UCF）：允许被叫用户将所有来呼转移到另一个设定号码上。

（2）遇忙呼叫前转（CFB）：当遇到被叫用户忙时，允许被叫用户将所有来呼转移到另一个设定号码上。

（3）无应答呼叫前转（CFNRy）：当网络遇到被叫用户没有应答时，允许被叫用户将所有来呼转移到另一个设定号码上。

（4）不可到达的呼叫前转（CFNRc）：当被叫移动用户不可到达时，允许被叫用户将所有来呼转移到另一个设定号码上。

4. 多方通话

这项业务提供给用户同时建立多个呼叫连接的能力，即使用此义务的用户可以同时与多个用户通话。使用多方业务的前提条件是：用户必须正在控制两个已应答的呼叫连接，一个处于通话状态，一个处于保持状态，只有在这种情况下用户才可以提出多方业务的请求。当多方通话被激活，远端的用户就可以自由地加入和离开。远端用户在退出多方通话时仍可以保持与主控用户的连接。多方通话的远端最大用户数为5。

5. 呼叫完成

呼叫完成业务包括呼叫等待（CW）和呼叫保持（CH）。

1）呼叫等待（CW）

当用户被通知有一个呼叫呼入，而呼入呼叫要使用的业务信道正在被占用，此时允许用户预定这个呼叫使来呼处于等待状态，当业务信道被释放后，再由用户决定是否接听、切断或者忽略等待的呼叫。等待的呼叫数最多只能有一个。

2）呼叫保持（CH）

（1）当用户正处于一个通话中时，如果需要与第三方建立另外一个呼叫，可以将现有的呼叫中断，但是仍然保留现有呼叫的业务信道，这时原来的通话方处于保持状态。

（2）当一方通话已经处于保持状态，与第三方的通话还未建立起来时，用户可以建立另外一个新的呼叫或恢复保持的通话或切断保持的通话。

（3）当一方处于保持状态，与第三方的通话已经建立起来时，用户可以在两个呼叫之间任意切换或断开其中的一个呼叫或这两个呼叫都断开。

6. 闭合用户组

闭合用户组（CUG），是指对接入 GSM-R 网络中的一组指定用户的行为进行一些限制，除了紧急呼叫外，网络会对用户的某些呼叫能力进行限制。如对闭合用户组的成员可以允许发起或接收组外的呼叫，也可以限制发起或接收组外的呼叫及组内成员之间的呼叫。一个闭合用户组的成员可以是其他闭合用户组的成员。

7. 用户到用户信令

这一补充业务允许用户发送或接收数量有限的信息，这些用户信息通过信令信道在网络中透明传输，网络无权中断信息或对信息进行处理。

8. 呼叫禁止

呼叫禁止分为禁止呼入和禁止呼出，根据不同的情况和用户需求又可以细分为 5 种类型。

（1）禁止全部呼出（BAOC）：除紧急呼叫外，所有的呼出都会被禁止。

（2）禁止国际呼出（BOIC）：用户的呼出呼叫只能存在于当前所在的移动网络和固定网络中。这一当前网络可以是用户的归属网络也可以是拜访网络。

（3）禁止除归属网络之外的国际呼出（BOIC−EXCH）：用户的呼出呼叫只能存在于归属网络和当前拜访的移动网络或固定网络中。即如果用户当前所在的网络为用户的归属网络，除了用户归属网络之外，用户的所有呼出呼叫都会被禁止；如果用户当前所在的网络为拜访网络，除了当前拜访网络和用户的归属网络之外的全部呼出呼叫都会被禁止。

（4）禁止全部呼入（BAIC）：用户定制了这项业务后所有的呼入都会被禁止。

（5）禁止漫游时呼入（BAIC−ROAM）：用户在漫游时除归属网络的呼入呼叫外，其他呼入呼叫都被禁止。

9. 呼叫转接

此业务的功能是实现与主控用户通话的两个用户之间建立呼叫，其业务描述如下：主控用户 A 同时与用户 B、用户 C 建立呼叫，这两个呼叫可以是呼出也可以是呼入，当发出呼叫转接的请求后，B、C 之间建立起新的连接，同时，它们与主控方 A 的呼叫被释放。在呼叫转接中主控用户 A 在转接前必须与 B 建立起的连接已经处于通话状态，A 与 C 之间或者已经建立起连接或者 C 已经开始振铃但还没有接听。在呼叫前转和呼叫转向中，主控用户 A 与 B 之间在没有建立起连接之前就会将呼叫转移给 C。因此通常把这种呼叫转接的方式称为显式的呼叫转移（ECT），把呼叫前转和呼叫转向称为隐式的呼叫转移。

10. 遇忙呼叫完成（CCBS）

用户 A 呼叫用户 B 时，如果用户 B 正处于忙状态，用户 A 可以发起 CCBS 的请求，这时网络会监测 B 直到其进入空闲状态。B 进入空闲状态后，网络会等待一段时间允许 B 发起新的呼出呼叫。如果在等待时间内 B 没有发起新的呼叫，网络将会自动地回呼用户 A。用户 A 在指定的时间内收到回呼就完成了一个 CCBS 呼叫。

11. 专用拨号方案（SPNP）

支持用户在网络内部或在多个网络之间通信时采用专用的拨号方案，在专用拨号方案中使用与公众网络拨号方案不同结构和意义的数字序列。用户允许拥有多个专用拨号方案，最大数目为 9，但是多个专用拨号方案不能同时使用。

12. 名字识别（CNAP）

名字识别是指被叫方提供主叫方的名字信息。名字信息的内容可以是主叫方的姓名或代号，最大长度是 80 个字符。用户使用这一补充业务可能会受到其他补充业务的限制，如用户使用了 CLIR，也会禁止显示主叫方名字。

5.3　高级语音呼叫业务

5.3.1　增强多优先级与强拆（eMLPP）

eMLPP 业务包含的两个方面分别是优先级和资源抢占。优先级是指在呼叫建立时给该呼叫指配一个优先级别，并和该呼叫的建立时间类型一起来参与网络资源的竞争与调配；资源抢占是指当网络没有空闲资源可用时，具有较高优先级的呼叫将抢占正在被较低优先级呼叫占用的信道资源，还可以表现为被叫用户断开正在进行的低优先级呼叫而接听高优先级的呼入呼叫。

1. 优先级

eMLPP 业务定义了 7 个优先等级：

（1）A（最高，网络内部使用）；

（2）B（网络内部使用）；

（3）0（预定）；

（4）1（预定）；

（5）2（预定）；

（6）3（预定）；

（7）4（最低，预定）。

其中，A、B 是最高的两个优先级，保留给本地网络内部（同一个 MSC 的控制范围内）的呼叫使用，用于紧急呼叫的网络或特殊语音广播呼叫或语音组呼设定的网络。其他 5 个优先等级 0、1、2、3、4 提供给用户在整个网络覆盖范围内使用，也可以应用于能提供 eMLPP业务的 ISDN 网络之间的互联互通。当等级 A、B 的呼叫应用到 MSC 区域之外时，这两个优先级都要映射为等级 0。在呼叫建立时用户可以选择预先签约的任何一个优先级。

2. 强拆（资源抢占）

资源抢占分为网络资源抢占和用户接口资源抢占。

（1）网络资源抢占是指呼叫建立或切换时，没有空闲网络资源，则终止低优先级呼叫，将资源给高优先级呼叫使用的过程。

（2）用户接口资源抢占是指具有较高优先级的呼叫请求与正在进行较低优先级通话的用户建立通信时，网络终止被叫用户的当前呼叫，并将其接入高优先级呼叫的过程。

用户接口资源抢占由被叫移动台设置和决定。对于点对点呼叫，用户接口资源抢占这一过程表现为移动台自动接入处于等待状态的高优先级呼叫。

5.3.2　语音组呼业务（VGCS）

VGCS 是 Voice Group Call Service 的缩写，即语音组呼业务，又简称组呼，它是一种电信业务。VGCS 是指由多方参加的语音通信方式，其中一人讲话，多方聆听，讲话者角色可以转换，是一种半双工通信模式。

VGCS 业务中包含两种身份的成员，即调度员和移动业务用户。调度员可以是固网用户或者移动用户，一个 VGCS 呼叫中最多只能有五个调度员，也可以没有。移动业务用户是预订了 VGCS 业务的移动用户，数量不限。发起 VGCS 呼叫时，可用一个组功能码（组 ID）来呼叫该组所有成员。一个特定的 VGCS 通信由组 ID 和组呼区域唯一确定。组 ID 标识该组的功能，即由哪些身份的成员参加；组呼区域是指 VGCS 通信所覆盖的地理范围，以无线蜂窝小区为基本单位。组 ID 和组呼区域的结合称作组呼参考，即组呼参考唯一地确定一个 VGCS 通信。在组呼过程中，主叫用户和调度员使用标准的双向信道；所有的被叫业务用户分配同一业务信道的下行链路进行接听。在整个呼叫过程中调度员一直占用一对业务信道，其他业务用户要通过抢占上行链路来实现讲者和听者身份之间的转变。一个 VGCS 通信过程中，某一时刻只能有一个"非调度身份"的移动用户讲话，调度员可以随时讲话。

VGCS 业务突破了点对点通信的局限性，能够以简捷的方式建立组呼叫、实现调度指挥、紧急通知等特定功能，可用于铁路的调度指挥通信。

5.3.3　语音广播呼叫（VBS）

VBS 是 Voice Broadcast Service 的缩写，即语音广播呼叫业务，允许建立点对多点的单向语音呼叫连接。VBS 工作在单工模式下。语音广播呼叫业务是在预定义的某个地理区域上发起语音广播呼叫之后，仅发起者可以讲话，位于服务区的签约用户在下行链路上聆听讲话内容，即 VBS 主要实现单向语音通信功能，且所有参与 VBS 的用户都必须经过授权。VBS 业务与 VGCS 业务相似，在业务定义、信令流程、对系统和终端的需求、呼叫控制等方面都大同小异。VBS 的呼叫发起者一定是讲话者。

5.4　GSM-R 特色业务

5.4.1　基于功能号码的寻址

基于功能号码的寻址也称功能寻址，是指用户可以由它们当时所担当的功能角色，而不是它们所使用的终端设备的号码来寻址。功能号呼叫和管理是 GSM-R 网络的特殊应用之一。利用 GSM-R 网络中 HLR（或智能网）支持用户控制输入的特性（SCI），允许用户注册、注销功能号，以及查询注册在 HLR 或智能网网元中的当前功能号信息，同时允许其他用户以功能号方式呼叫该用户，而不必知道该用户的实际 MSISDN 号码。在同一时刻，至少可以为一个用户分配若干功能地址，而只能将一个功能地址分配给一个用户，用户可以向网络注册和注销功能地址。而对应于功能寻址的功能号编码，前面章节已经讲过。

首先，来看功能号如何进行注册。以 C2013 次司机功能号为例，其中 MSISDN 为14982120012，按照功能号的编码规则，C2013 次列车司机功能号码为 20067201301，图 5-4

为其功能号注册流程。

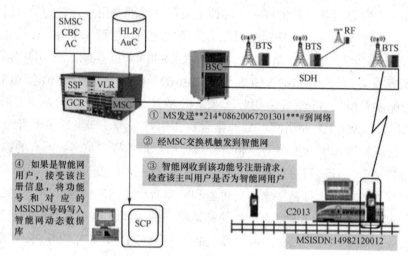

图 5-4　功能号注册流程

下面再来看功能号呼叫流程,以调度员呼叫 C2013 次列车司机为例,其中司机的 MSISDN 为 14982120012。其功能号寻址流程如图 5-5 所示。

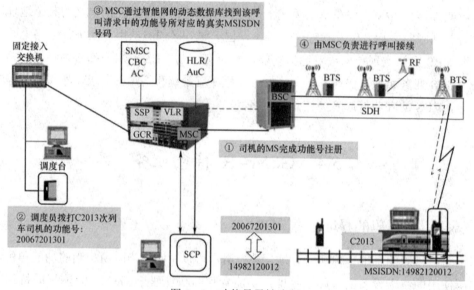

图 5-5　功能号寻址流程

这种基于功能号的寻址方式,简化了呼叫的操作,提高了铁路工作人员的工作效率。

5.4.2　接入矩阵业务

接入矩阵确定了在铁路通信中,哪一类用户能呼叫哪一类用户,用于规定不同用户之间的呼叫权限。欧洲综合铁路无线增强网络(EIRENE)标准中规定了不同身份之间的呼叫权限,如表 5-1 所示。

表 5-1　欧洲综合铁路无线增强网络中不同用户间的呼叫权限

被叫方＼主叫方	行车调度员	助理调度员	调度长	主司机	副司机	主管领导	公共地址
行车调度员				Yes	Open	Open	Open
助理调度员				Yes	Open	Open	Open
调度长				Yes	Open	Open	Open
主司机	Yes	Yes	Yes	Open	Yes*	Yes*	Yes*
副司机	Yes	Yes	Yes	Yes*	Yes*	Yes*	Yes*
主管领导	Open	Open	Open	Yes*	Yes*	Yes*	Yes*
公共地址							

其中，纵向表示主叫方，横向表示被叫方。

Yes：主叫方有权呼叫被叫方，也就是接入矩阵不限制此类呼叫。

Open：此类呼叫由铁路运营商根据具体通信需求确定是允许还是限制。

Yes*：如果是同一列车的用户则允许呼叫，否则就被限制。

空白：不对此类呼叫进行规定，铁路运营商可以根据具体情况规定是允许还是限制此类呼叫。

例如：某一列车的主司机 2XXXXXXXX01 呼叫某一列车的副司机 2YYYYYYYY02，则 SCP 通过分析号码查询接入矩阵，得到输出结果为 Yes*。这时如果主司机和副司机是同一列车则有权呼叫，否则拒绝。为此 SCP 进一步判断 XXXXXXXX 和 YYYYYYYY 是否完全相同，如果完全相同则代表同一列车，呼叫不受限；如果不完全相同，则主司机和副司机不是同一列车，呼叫受到限制。

5.4.3　基于位置的寻址

GSM-R 网络通过移动台上报的小区 CI 信息，可以定位该用户所在的小区位置，利用特殊接入号码触发、呼叫携带的 CI 信息等，根据事先定义的智能网小区数据和调度员 FAS/MSISDN 号码对应关系，将用户的短号码呼叫翻译为对应的调度员 FAS/MSISDN 号码，交由短号码发起端 MSC 进行接续，从而在用户多次改变小区位置时无须知道当前调度用户号码，只须通过拨打短号码、特服号码即可直接呼叫对应的调度用户。

下面以拨打 1200、用户小区 ID 为 1001、调度辖区调度员号码 14972110012 为例，呼叫流程如图 5-6 所示。

5.4.4　基于位置的呼叫限制

基于位置的呼叫限制功能需求与铁路调度用户的辖区有关。当主叫用户（主要是调度员）呼叫某一功能号时，如果该功能号对应的移动用户不在当前主叫用户（调度员）的管辖范围内时，不允许该呼叫建立，由智能网给呼叫发起端 MSC 返回错误代码，由 MSC 负责放音提醒主叫用户。当用户处于主叫调度员的辖区内时，允许调度员对其进行呼叫，智能网将给主叫端 MSC 返回功能号对应的 MSISDN 号码，由 MSC 进行呼叫接续；由于需要判断某个呼叫是否允许接续，因此必须在智能网平台中事先定义调度员与调度辖区（小区）的对应关系。

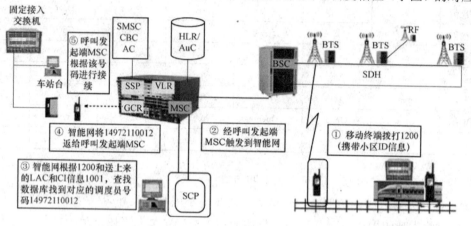

图 5-6　基于位置寻址的呼叫流程

基于位置的呼叫限制功能主要依靠智能网平台的接入矩阵来实现，呼叫发起时，由智能网平台通过 ATI 指令要求实际被叫用户返回当前小区 CI 值，并在对应关系表中确认后，才能决定是否允许主叫用户呼叫该功能号。基于位置的呼叫限制功能实际上在网络侧对调度员是否允许对某功能号用户进行呼叫进行了限制，该业务类似于铁路既有 450 MHz 无线列调系统由于技术限制而无法跨区间呼叫所形成的既有功能。

5.5　GSM-R 业务在铁路中的应用

5.5.1　调度通信

调度通信是铁路各级调度人员与其所管辖区域内有关运输生产作业人员之间进行的专用电话通信业务。调度通信业务包括列车调度通信、客运调度通信、货运调度通信、牵引供电（电力）调度通信及其他调度通信。

1. 系统结构

GSM-R 系统中存在一种固定终端——GSM-R 网络调度子系统。GSM-R 网络调度子系统是给调度员身份的用户使用，能完成与其他各种终端之间的通信。GSM-R 网络调度子系统与 MSC 之间通过 30B+D 连接，GSM-R 调度通信系统构成如图 5-7 所示。

（1）利用 GSM-R 进行调度通信系统组网，既可以完全利用无线方式，也可以同有线方式结合起来。

（2）GSM-R+FAS 构成无线/有线混合网络：NSS、BSS、OSS、FAS、调度台、车站台、CIR、OPH 等。

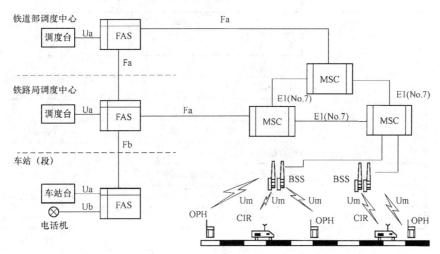

图 5-7　GSM-R 调度通信系统构成

接口类型：

（1）Fa 接口：ISDN 基群速率接口（30B+D），DSS1 信令。

（2）Fb 接口：ISDN 基群速率接口（30B+D），DSS1 信令；或基群速率 E1，内部信令。

（3）Ua 接口：ISDN 基群速率接口（30B+D），DSS1 信令；或基群速率 E1，内部信令。

（4）Ub 接口：选用 Z 接口、音频 2/4 线接口、65 kbps 同向接口、录音接口等。

在中国铁路总公司、铁路局和车站设置 FAS。中国铁路总公司 FAS 与铁路局 FAS 之间通过 Fa 接口连接，铁路局 FAS 与车站 FAS 之间通过 Fb 接口连接。调度台和车站通过 Ua 接口接入 FAS。其他固定终端通过 Ub 接口接入 FAS。中国铁路总公司、铁路局 FAS 通过 Fa 接口接入邻近的 MSC；车站 FAS 不直接与 MSC 相连接。调度台、车站台和移动台之间通过有线与无线相结合的方式进行连接。

2. GSM-R 列车调度系统语音功能的实现

无线列车调度是重要的铁路行车通信系统，负责指挥列车的运行，其工作成员包括行车调度员、车站值班员、助理值班员、机车司机、运转车长、机务段调度员、救援列车主任等。

行车调度员位于调度所，一般一个调度所管理多个车站，因而行车调度员的管辖范围大于车站值班员的管辖范围。在每个车站，有一名车站值班员和若干名助理值班员，负责本车站管线范围内的列车运行。助理值班员一般工作在室外，而车站值班员在车站室内操作指挥。列车司机和运转车长一般处于运行的列车上，共同负责列车的运行。

列车调度通信的主要功能是实现"大三角"通信和"小三角"通信。"大三角"通信是指行车调度员、车站值班员和机车司机之间的通信；"小三角"通信是指车站值班员、机车司机和运转车长之间的通信。

根据列车调度通信的需求，语音通信分为点对点通信、多方通信、语音组呼和语音广播呼叫四类。具体分类如表 5-2 所示。

95

表 5-2　GSM-R 列车调度系统语音通信功能的实现

主叫	通信范围	被叫	实现方法
行车调度员	调度范围	某一司机	车次功能号
		某一运转车长	车次功能号
		司机和运转车长	VGCS
		司机和运转车长（广播形式）	VBS
		车站值班员、助理值班员、司机、运转车长	VGCS
		所有运转车长	VGCS
	车站范围	车站值班员、助理值班员、司机、运转车长	VGCS
列车司机	调度范围	行车调度员	基于位置寻址
	车站范围	车站值班员、助理值班员	语音组呼
	本列车内	运转车长	完整电话号码
	动态范围	区域内其他司机	语音组呼
运转车长	调度范围	行车调度员	基于位置寻址
	车站范围	车站值班员、助理值班员	语音组呼
	本列车内	列车司机	完整电话号码
车站值班员	车站范围	行车调度员	完整电话号码
		某一司机	车次功能号
		所有司机	语音组呼
		某一运转车长	车次功能号
		所有运转车长	语音组呼
		所有助理值班员	语音组呼
		所有助理值班员、所有司机、所有运转车长	语音组呼
		某一助理值班员、某一车次的司机和运转车长	ISDN 多方通信/GSM-R 多方通信
	相邻车站	相邻车站的车站值班员	完整电话号码
助理值班员	车站范围	某一司机	车次功能号
		某一运转车长	车次功能号
		所有司机、所有运转车长	语音组呼
		车站值班员、其他助理值班员	语音组呼

5.5.2　车次号校核与列车停稳信息的传送

实时跟踪列车运行位置是调度集中系统/列车调度指挥系统（CTC/TDCS）的主要功能之一，实际运行图绘制、列车运行计划的调整、运行数据的统计均需要 CTC/TDCS 系统所提供的对列车车次号实时跟踪的信息。在现有 CTC/TDCS 系统中，车次号跟踪是依靠轨道电路获得信息，基于无线列调的列车无线车次号校核信息作为辅助手段，实现了对车次号的跟踪校核。在未来高速列车运行控制系统中，虚拟闭塞方式无法依靠轨道电路实现车次号信息传送，需要利用无线通信手段，实时将运行机车车次号信息传送至列车运行控制系统地面设备。无线车次号与列车停稳信息可以通过 GSM-R 电路交换技术的数据采集传输应用系统来实现数据传输，也可以采用 GPRS 方式来实现。

无线车次号校核系统将从机车运行安全监控记录装置 TAX 采集的车次号、机车号、位置（公里标）、机车速度等车次号信息，通过无线信道，传送给 CTC/TDCS 系统进行车次号校核。无线车次号校核系统利用现有无线列调系统实现，当无线列调机车台被车次号信息触发时，不论是否正在通话，均切断话音调制并改变发射频率，强行转为传送车次号数据信息，传送完成后恢复话音通信。这种受限于现有网络单信道资源的情况，难免存在数据和话音业务之间争抢信道，而在同频干扰和业务并存的情况下，数据传输可靠性降低。利用 GSM-R 实现的无线车次号校核完全摆脱了基于无线列调信道的场强覆盖限制，克服了单信道争抢带来碰撞等造成可靠性低的问题。GSM-R 系统车次号校核与列车停稳信息传送系统组成如图 5-8 所示。

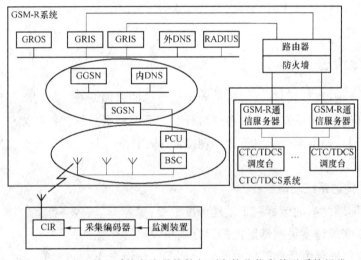

图 5-8　GSM-R 系统车次号校核与列车停稳信息传送系统组成

其系统功能有：

（1）机车数据采集编码器采集监测装置的数据，每 200 ms 将采集到的数据编码发送一次，CIR 按规定条件发送车次号信息；

（2）实现车次号信息传送的目的 IP 地址及时更新；

（3）支持 CTC/TDCS 查询指定列车的车次号信息；

（4）对发送的车次号信息、列车停稳和列车启动信息进行存储；

（5）机车数据采集编码器具有发送车次号测试信息的功能；

（6）CTC/TDCS 根据接收到的无线车次号信息进行车次校核和追踪；

（7）CTC/TDCS 具有按车站和按机车自动统计车次号信息传送成功率的功能。

车次号校核与列车停稳信息传送系统的通信过程为：

（1）采集处理装置在安装前需要进行归属目的 IP 地址的设置。采集处理装置开机后与 CIR 握手，按照设置的归属目的 IP 地址向 CTC/TDCS 申请车次号传送的当前目的 IP 地址。当 CTC/TDCS 判断运行列车即将离开管辖区时，将接管辖区的目的 IP 地址发送给运行列车的采集处理装置，采集处理装置则根据该信息进行目的 IP 地址更新。

（2）采集处理装置接收监测装置的信息并对信息进行实时分析，数据内容符合以下条件之一时：

① 监控状态下，列车进入新的闭塞分区、进站、出站；

② 非监控状态下，列车运行速度由 0 变为 5 km/h；

③ 非监控状态转为监控状态时；

④ 列车停稳时发送一次列车停稳信息，列车启动时发送一次列车启动信息；

通过 CIR、GGSN、GRIS 发送一次车次号信息。列车停稳时采集处理装置向 CTC/TDCS 发送一次列车停稳信息。发送车次号或列车停稳信息的同时向操作显示终端发送一次相同信息。

（3）CTC/TDCS 根据需要可向运行列车上的采集处理装置查询车次号信息。需要查询机车 IP 地址时，CTC/TDCS 可利用机车号向 GSM-R 网络的域名服务器 DNS 进行域名查址获得对应关系。

5.5.3 调度命令传送

铁路调度命令是调度员、车站值班员向司机下达的书面命令，是列车行车安全的重要保障。调度员通过向列车司机发送调度命令对行车、调度和事故进行指挥控制，是实施铁路运输管理的重要手段。调度命令信息包含：调度命令、行车凭证、调车作业通知单、列车接车进路预告信息等。

1. 调度命令传送系统功能

（1）调度员向辖区内的运行列车发送调度命令；

（2）在 CTC 区段调度员向辖区内的运行列车发送行车凭证；

（3）在 CTC 区段调度员向辖区内的运行列车发送调车作业通知单；

（4）车站值班员向辖区内的运行列车发送行车凭证；

（5）车站值班员向辖区内的运行列车发送调车作业通知单；

（6）自动向辖区内的运行列车发送列车接车进路预告信息；

（7）列车接收调度命令后能发送自动确认和签收信息，并将信息送发送方显示；

（8）调度命令发送方未收到自动确认信息，应自动重发，自动重发后仍未收到自动确认，应向调度命令发送方提示；

（9）机车装置判断是发给本次列车的调度命令，在显示操作终端上显示；

（10）机车装置提示司机签收调度命令，司机根据需要选择打印；

（11）TDCS 设备和机车装置应存储调度命令并记录操作过程；

（12）机车装置未收到来自监控装置的机车号和车次号信息时，接收的命令信息中机车号与机车装置记录的机车号相同，应显示所接收的调度命令；

（13）系统中各终端应具有语音提示功能，对各种命令的提示音应有区分；

（14）机车装置可向车站发送调车请求；

（15）机车装置工作在补机状态时应显示、记录所有接收到的调度命令及签收、打印等操作过程，此时确认信息不向地面发送。

2. 系统组成

调度命令传送系统由 GSM-R 网络、CTC/TDCS 设备、调度命令机车装置等组成，如图 5-9 所示。

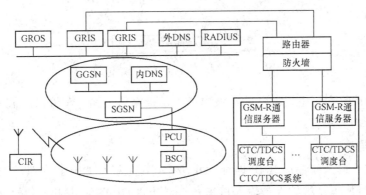

图 5-9　调度命令传送系统组成

其通信过程为：

（1）CTC 将调度命令（按机车号）发送给 GRIS；

（2）GRIS 将对应机车号的域名送给 GGSN，GGSN 将机车号域名送给 DNS 进行解析；

（3）DNS 将解析后的相应 IP 地址返回给 GGSN，GGSN 返回 IP 地址给 GRIS；

（4）GRIS 通过 GGSN 将调度命令发送给机车台。

5.5.4　列尾装置信息传送

列尾信息是指列车尾部的风压信息。GSM-R 列尾信息传送业务是将尾部风压数据通过 GSM-R 网络进行传输，可避免单独投资及单独组网建设，同时利用 GSM-R 强大的网络功能，克服了原有的抗干扰性差、信息无法共享等各种缺点。

1. 系统结构

列尾信息传送系统由 GPRS 子系统、BSS 子系统、CIR、列尾装置尾部主机等构成，其系统结构图如图 5-10 所示。

2. 系统功能

（1）列尾主机能与 CIR 建立和拆除唯一对应关系；

（2）CIR 提供司机查询列车尾部风压的功能；

（3）CIR 能语音提示和显示接收到的列车尾部风压数值；

（4）风压数值超过规定时间没有更新时，CIR 应进行声光报警；

（5）CIR 具有控制列尾主机排风制动的功能；

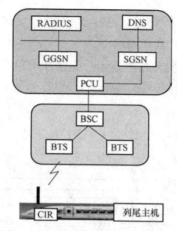

图 5－10　列尾信息传送系统结构图

（6）CIR 能接收列尾主机发送的电波电量不足报警信息和列车管风压低于设定值时的报警信息，并进行声光报警。

3．通信过程

（1）列尾主机向系统注册其 IP 地址，并建立列尾主机与 CIR 设备唯一对应关系：

① 列尾主机加电，维护人员输入机车号，自动向 GPRS 网发起网络注册、附着和 PDP 激活，获得自己的 IP 地址；

② 列尾主机自动把机车号域名发送给 DNS 服务器，DNS 进行解析，把该机车号所对应的机车台 IP 地址返回给列尾主机，列尾主机存储该 IP 地址，用于访问机车台；

③ 列尾主机以该 IP 地址作为目的地址，把建立对应关系请求信息发送给相应的 CIR，二者建立一一对应的关系。

（2）CIR 向列尾主机发送查询数据包，在收到该数据包后，列尾主机检测风压并封装在数据包中发给 CIR。

（3）若风压超过告警界限，列尾主机将向 CIR 发送数据包以报告险情。

5.5.5　调车机车信号和监控信息系统传输功能

调车机车信号和监控信息系统传输功能提供了调车机车信号和监控信息传输通道，实现地面设备和多台车载设备之间的数据传输，并能够存储进入和退出调车模式的有关信息。

1．系统结构

调车机车信号和监控信息系统包括调车机车信号和监控车载设备（简称车载台）、调车机车信号和监控地面设备（简称地面设备）、GSM－R 网络和 CIR。其系统结构图如图 5－11 所示。

2．系统功能

（1）提供调车机车信号和监控信息传输通道；

（2）实现地面设备和多台车载设备间的数据传输；

（3）存储进入和退出调车模式的有关信息；

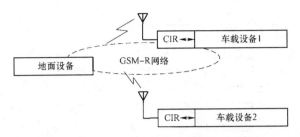

图 5-11　调车机车信号和监控信息系统结构

（4）多台调机同时作业时，地面设备使用连选功能，与每台车载设备分别建立电路连接。

3. 通信过程

为保证可靠性，系统通信方式采用点对点电路连接。

（1）当 CIR 接收到车载设备发送的进入调车监控模式命令时，自动按分配给地面设备的功能号进行基于位置的呼叫，GSM-R 网络接收到功能号呼叫后将路由指向对应的地面设备，在地面设备与车载设备之间建立一条电路链路，同时操作终端提示处于调车监控模式。

（2）地面设备发送数据时根据信息内容中的机车号选择对应的端口将数据转发，CIR 接收到数据后按照目的端口码转发给车载设备。车载设备发送数据时将数据通过已建立的数据链路发送给 CIR，再把数据通过链路发送到地面设备。

（3）当 CIR 接收到车载设备发送的退出调车监控模式命令时，CIR 则释放电路链接。

5.5.6　机车同步控制信息传输

铁路运输中采用多机车牵引模式时，机车间的同步操作格外重要，如各机车的同时启动、加速、减速、制动等。如果牵引机车操作不同步，就会造成车厢间的挤压或者拉钩现象，影响运输安全，降低运输效率。为了保证操作的可靠性，可以利用 GSM-R 网络提供可靠的数据传输通道，采用无线通信的方式来实现机车间的同步操作。

机车同步操作控制系统由地面设备和机车车载设备组成，如图 5-12 所示，其中地面设备由 Locotrol 应用节点组成，与外部 GSM-R 网络采用标准的 PRI（30B+D）接口相连；机车车载设备由 Locotrol 车载控制模块和 GSM-R 车载通信单元组成。Locotrol 与通信单元采用 RS-232 或 RS-422 接口方式。

Locotrol 的功能有：主控机车分别连接从控机车、主控机车分别和从控机车断开连接、排风和紧急制动操作、制动缓解指令发布、制动管路测试、状态监测和查询、从控机车确认收到操作指令等。通信单元的功能包括：通信链路建立、保持、监视、数据传送等。地面应用节点的功能包括：通信链路连接控制、保持、监视、数据转发、记录和查询等。

5.5.7　列车控制信息传输

传统的列车控制信息传输主要是依靠轨道电路，设置固定闭塞区间，向列车显示运行信号。由于轨道电路传输特性差、工作环境恶劣，其传输的信息极为有限，还经常出现红光带等故障。

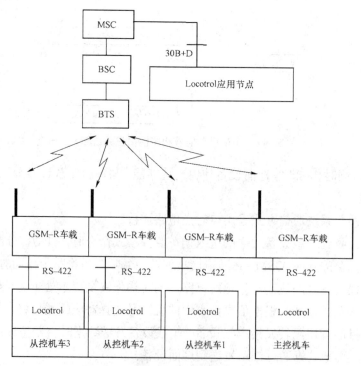

图 5-12　机车同步操作控制系统组成

中国列车运行控制系统（CTCS）是在采用传统的闭塞系统或移动闭塞系统的条件下，增强列车自动控制功能的超速防护系统。同时，它也是一个驾驶辅助系统，帮助司机以安全的方式驾驶列车。列车运行控制系统是行车指挥和列车控制的关键技术，是列车安全运营的保障。GSM-R 是实现列车运行控制系统 CTCS-3/CTCS-4 级和无线闭塞的基本条件。在列控系统中，GSM-R 仅负责实时、可靠地进行数据传输，不承担安全责任。通信误码或通信中断后如何进行逻辑处理，以及确保行车安全由信号系统负责。

基于 GSM-R 的列车运行控制系统是在车载设备和地面设备之间，利用无线通信系统双向传输列车控制信息，可以实现地面对列车的闭环控制。目前，相对比较成熟的有欧洲列车控制系统 ETCS、北美增强型列车控制系统 ITCS 和应用于重载运输的机车同步操作控制系统 Locotrol。

基于 GSM-R 的列控系统包括：地面子系统、车载子系统和 GSM-R 网络。另外还有一些外部接口，例如列车接口、联锁设备、调度集中设备等。CTCS-3 列控及 GSM-R 系统设备组成如图 5-13 所示。

地面子系统中的无线闭塞中心 RBC 是一个安全计算机系统，根据来自外部信号系统的信息及与车载子系统交换的信息，经过计算，产生发送给列车的消息。这些许可列车运行的消息，保证列车在 RBC 的管辖范围内安全运行。列控 GSM-R 接入服务器主要用于连接 RBC 和 GSM-R 网络，可以方便地实现接入控制。车载子系统的核心也是一个安全计算机系统，通过与地面子系统交换信息来控制列车运行。地面子系统和车载子系统之间的信息交换由 GSM-R 网络实现，并且列控信息在网络中要安全、可靠、及时地传递。

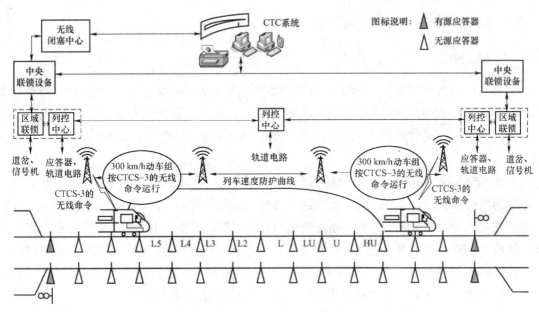

图 5-13　CTCS-3 列控及 GSM-R 系统设备组成

列车运行控制系统主要的通信过程为：

（1）CTCS-3 通过 GSM-R 系统以无线方式实现车地双向信息传送。

（2）RBC 向车载通信单元发送的信息有：移动授权（与前车的距离、行驶速度、进路解锁时间等）、线路数据（线路长度、起止点坐标、坡度、桥隧信息、牵引换相点数据等）、指令（进入调车模式、限速、人工引导等特殊操作）等。

（3）车载通信单元向 RBC 发送的信息有：列车位置、速度、状态（列车本身的编组、长度、制动性能等情况）、列车类型等。

采用 GSM-R 实现车地间双向无线数据传输，代替目前的轨道电路来传输色灯信号是铁路基于通信技术的列车控制系统的关键技术，具有以下明显优势：

（1）基于 GSM-R 传输平台，提供车地之间双向安全数据传输通道；

（2）无盲区、设备冗余、加密；

（3）满足列车控制响应时间的要求。

5.5.8　区间移动通信

在区间作业的水电、公务、信号、通信、供电、桥梁守护等部门内部的通信，均可以使用 GSM-R 作业手持台，作业人员在需要时可与车站值班员、各部门调度员或自动电话用户联系。紧急情况下，作业人员还可以呼叫司机，与司机建立通话联络。其主要功能有：

（1）能够呼叫当前车站的车站值班员和助理值班员；

（2）紧急情况下，能够呼叫当前调度员；

（3）能够在预定义的范围内发起组呼和广播呼叫；

（4）能够发起铁路紧急呼叫和公众紧急呼叫；

（5）能够接收语音组呼和广播呼叫。

5.5.9　应急通信

应急通信系统是当发生自然灾害或突发事件等影响铁路运输的紧急情况时，为确保实时救援指挥通信需要，在突发事件现场与救援中心之间，以及现场内部建立的语音、图像、数据通信系统。它是铁路战备通信系统的重要组成部分，应做到迅速准确、可靠畅通、机动灵活。

基于 GSM-R 移动通信的应急通信系统的话音业务包括铁路紧急呼叫和 eMLPP 业务，铁路紧急呼叫是指具有"铁路紧急优先级"的呼叫，用于通知司机、调度员和其他处于危险级别的相关人员，要求停止在预先指定地区内的所有铁路活动。由于铁路运营存在的紧急情况，这些呼叫被连接到事先定义的用户或用户组，所有铁路紧急呼叫都应使用 GSM 语音组呼规范。eMLPP 业务规定了在呼叫建立时的不同优先级，以及资源不足时的资源抢占能力。对于应急指挥话音业务，可为其设置高优先级，以保证通信的快捷畅通。

5.5.10　旅客列车移动信息服务通道

旅客列车移动信息服务可包括移动售票和旅客列车移动互联网等服务。基于 GSM-R 的可靠车地数据传输系统的出现，使在列车上完成移动售票成为可能。在列车上乘客可以通过售票终端完成客票查询、订票、购票或者补票业务，再通过车地数传系统将客票信息实时传送到地面上的票务中心，以及及时更新客票信息。列车旅客信息服务系统是为列车上具有一定接入条件（如笔记本电脑、PDA、手机等）的旅客提供互联网与业务，如电子邮件、网页浏览、铁路相关信息服务、旅客移动位置业务、在线电影、网络游戏、网上聊天等。

第6章
GSM-R 无线网络设备

GSM-R 系统由网络交换子系统（NSS）、无线子系统（BSS）、操作维护子系统（OSS）、智能网子系统（IN）、通用分组无线业务子系统（GPRS）及移动终端（MS）组成。GSM-R 系统的主要设备可分为核心网络设备和无线网络设备。核心网络设备一般设立在铁路局集团的核心机房内部，包括组成 NSS、OSS、IN 和 GPRS 等子系统的设备；无线网络设备包括组成 BSS 子系统的 TRAU、BSC、BTS、直放站及天馈系统等设备。本章主要介绍 GSM-R 无线网络设备的结构及其工作原理。

6.1　BSC 设备

本节 BSC 设备以目前铁路 GSM-R 无线子系统中广泛采用的华为 BSC6000 设备为例，介绍 BSC6000 设备的总体结构，详细说明 BSC6000 设备的硬件配置及单板功能。

6.1.1　BSC 总体结构

华为 BSC6000 设备的总体结构包括物理结构和逻辑结构。

1. BSC6000 的物理结构

华为 BSC6000 的硬件物理结构主要由机柜、线缆、LMT 计算机终端和告警箱组成，图 6-1 为 BSC6000 硬件物理结构。

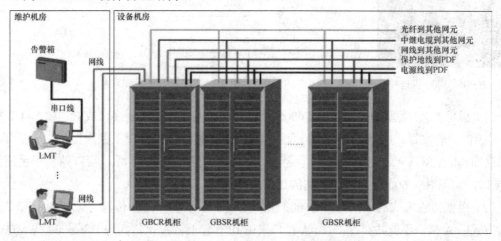

图 6-1　BSC6000 硬件物理结构

BSC6000 设备的不同机柜所提供的功能不同，机柜可分为 GBCR 机柜和 GBSR 机柜。GBCR 机柜实现 BSC 的核心业务与操作维护功能，BSC 固定配置 1 个；GBSR 机柜主要实现 BSC 的各项基本业务，根据业务量的需要进行配置，可以配置 0～3 个。BSC 线缆包括网线、光纤、中继电缆等各类线缆，配置数目根据实际情况确定。BSC6000 机框前面板如图 6-2 所示。

LMT 计算机终端指安装了"华为本地维护终端"软件组并与网元的实际操作维护网络连通的操作维护终端，为 BSC 必配设备。告警箱以声、光的形式上报告警，为 BSC 选配设备。

2. BSC6000 的逻辑结构

BSC6000 从逻辑上由 TDM（Time Division Multiplexing）交换子系统、GE（Gigabits Ethernet）交换子系统、业务处理子系统、业务控制子系统、接口处理子系统、时钟子系统、供电子系统和环境监控子系统组成，如图 6-3 所示。

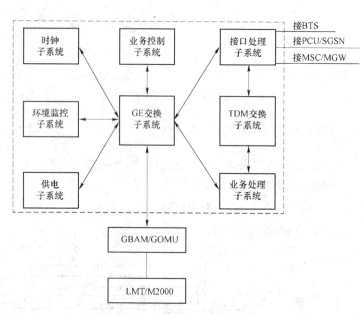

图 6-2　BSC6000 机框前面板　　　　　图 6-3　BSC6000 逻辑结构

（1）根据 PCU 类型的不同，BSC6000 接口处理子系统提供 Gb 接口或 Pb 接口，Gb 接口和 Pb 接口不能共存：① 当 BSC6000 配置内置 PCU 时，接口处理子系统提供 Gb 接口，实现 BSC6000 与 SGSN 之间的通信。② 当 BSC6000 配置外置 PCU 时，接口处理子系统提供 Pb 接口，实现 BSC6000 与 PCU 之间的通信。

（2）根据传输方式的不同，BSC6000 接口处理子系统提供两种传输方式的 A 接口，两种传输方式的 A 接口不能共存：① 当 A 接口采用 IP 传输时，A 接口实现 BSC6000 与 MGW 之间的通信。③ 当 A 接口采用 TDM 传输时，A 接口实现 BSC6000 与 MSC/MGW 之间的通信。

6.1.2　BSC6000 硬件配置

BSC6000 硬件配置中包含如下三种类型的插框：GMPS 插框、GEPS 插框和 GTCS 插框。通常会把 GMPS 插框和 GEPS 插框统称为 BM 框，GTCS 插框称为 TC 框。以下根据 BSC6000 逻辑结构中重要的子系统的物理组成进行硬件配置介绍。

1. TDM 交换子系统

TDM（Time Division Multiplexing）交换子系统负责完成电路域数据的交换工作，其物理组成包含：GTNU 单板、GDPUX 单板、各接口板、插框背板，以及 GTNU 交叉电缆等。

根据 BSC6000 框间 TDM 互联的方式不同，可以将其分为：

（1）插框与 GEPS 插框间的 TDM 互联：GMPS 插框与 GEPS 插框通过 GTNU 单板面板接口和 GTNU 交叉电缆实现 TDM 全互联，如图 6-4 所示。

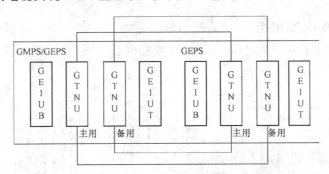

图 6-4　GMPS 插框与 GEPS 插框间的 TDM 互联示意图

（2）GTCS 插框间的 TDM 互联：当 BSC 插框组合模式为 BM/TC 分离时，BSC6000 存在 GTCS 插框间的 TDM 互联。GTCS 插框间通过 GTNU 单板面板接口和 GTNU 交叉电缆实现 TDM 全互联，如图 6-5 所示。

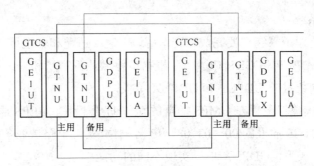

图 6-5　GTCS 插框间的 TDM 互联示意图

2. GE 交换子系统

GE（Gigabit Ethernet）交换子系统主要完成 BSC6000 信令和操作维护信息的 GE 交换、分组数据包的交换，其物理组成为插框的背板、GSCU 单板和交叉网线或非屏蔽直通网线。根据 BSC6000 框间 GE 互联的方式不同，可以将其分为：

（1）GMPS 与 GEPS 插框间的 GE 互联：以 GMPS 插框为中心框，以最多三个 GEPS 插框为从框，通过各插框的 GSCU 单板和交叉网线或非屏蔽直通网线进行星型互联，如图 6-6 所示。

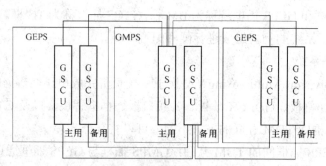

图 6-6　GMPS/GEPS 框间 GE 互联示意图

（2）GTCS 插框间的 GE 互联：以任一 GTCS 插框为中心框，以最多三个 GTCS 插框为从框，通过各插框的 GSCU 单板和交叉网线或非屏蔽直通网线进行星型互联，如图 6-7 所示。

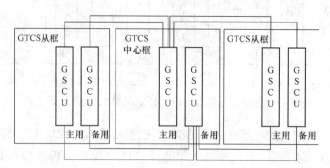

图 6-7　GTCS 框间 GE 互联示意图

3. 业务处理子系统

BSC6000 业务处理子系统主要完成语音编解码、速率适配和分组域业务处理功能，其硬件实体是各插框的 GDPUP 和 GDPUX 单板。根据电路域业务容量和分组域业务容量的需要，BSC6000 可配置不同数目的 GDPUP 和 GDPUX 单板：

（1）GDPUX 单板建议配置在 GMPS 插框的 08～11 号槽位，GEPS 插框的 00～03、08～13、14～27 号槽位，GTCS 插框的 00～03、08～13 号槽位，实现电路域业务处理功能。BSC6000 插框在不同的组合模式下，GDPUX 单板实现不同的功能：

① 当 BSC6000 插框组合模式为 BM/TC 分离时，配置在 GMPS/GEPS 插框的 GDPUX 单板实现语音帧格式转换和转发功能，配置在 GTCS 插框的 GDPUX 单板实现语音编解码和速率匹配功能。

② 当 BSC6000 插框组合模式为 BM/TC 共框时，GDPUX 单板实现语音编解码和速率匹配功能。同时，当 Abis 接口采用 HDLC 或 IP 协议传输时，GDPUX 单板还实现分组化语音帧格式转换功能。

③ 当 BSC6000 插框组合模式为 A 接口 IP 化时，GDPUX 单板实现分组化语音帧格式转换和转发功能。

（2）GDPUP 单板建议配置在 GMPS 插框的 08～11 号槽位，GEPS 插框的 08～13 号槽位，实现分组域业务处理功能。

由于 BSC6000 插框组合模式的不同及 PCU 类型的不同，BSC6000 业务处理子系统物理组成有所不同：

（1）BSC6000 插框组合模式为 BM/TC 分离。

① 如果 BSC6000 配置外置 PCU，BSC6000 业务处理子系统物理组成包括 GTCS 插框的 GDPUX 单板。

② 如果 BSC 配置内置 PCU，BSC 业务处理子系统物理组成包括 GMPS/GEPS 插框的 GDPUP 和 GDPUX 单板，GTCS 插框的 GDPUX 单板。

（2）BSC6000 插框组合模式为 BM/TC 共框或 A 接口 IP 化时。

① 如果 BSC6000 配置外置 PCU，BSC6000 业务处理子系统物理组成包括 GMPS/GEPS 插框的 GDPUX 单板。

② 如果 BSC6000 配置内置 PCU，BSC6000 业务处理子系统物理组成包括 GMPS/GEPS 插框的 GDPUP 单板和 GDPUX 单板。

4. 业务控制子系统

BSC6000 业务控制子系统完成寻呼控制、系统消息管理、信道分配、基站公共业务管理、呼叫控制、分组业务控制、切换及功率控制、小区广播短消息、基站操作维护和 TC 资源池管理功能。

BSC6000 业务控制子系统由不同的单板组成。业务控制子系统的硬件实体包括：① GMPS/GEPS 插框内的 GXPUM 单板和 GXPUT 单板。② GBAM 服务器/GOMU 单板。③ GTCS 插框内的 GSCU 单板。

5. 接口处理子系统

BSC6000 接口处理子系统完成 BSC6000 各个接口的处理，其由各类接口板和 GXPUM 单板组成。BSC6000 接口处理子系统的物理组成如图 6-8 所示，BSC6000 接口处理子系统包含的物理单板类型有 Abis 接口板、A 接口板、Ater 接口板、Gb 接口板和 Pb 接口板。Abis 接口板有 GEIUB、GOIUB、GFGUB、GOGUB 和 GEHUB 等型号；A 接口板有 GEIUA、GOIUA、GFGUA 和 GOGUA 等型号；Ater 接口板的单板类型有 GEIUT 和 GOIUT 等型号；Gb 接口板的单板类型有 GFGUG 和 GEPUG 等型号；Pb 接口板有 GEIUP 和 GOIUP 等型号。根据传输方式的不同，各种单板分别提供 E1/T1 电接口、STM-1 光接口、FE/GE 电接口和 GE 光接口等。

6. 时钟子系统

BSC6000 时钟子系统由 GGCU 单板和各个插框的时钟处理单元组成，它为 BSC6000 提供工作所需的时钟，并为基站提供参考时钟。BSC6000 的时钟源包括 BITS（Building Integrated Timing Supply）时钟和线路时钟，每类时钟源支持 1+1 备份。

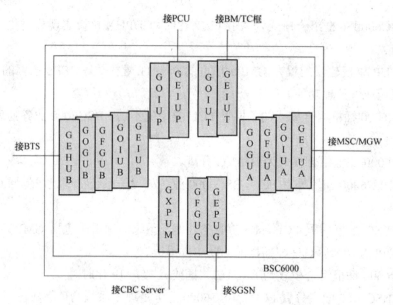

图 6-8　BSC6000 接口处理子系统物理组成示意图

BITS（Building Integrated Timing Supply，大楼综合定时供给设备）可以为 BSC 等通信设备提供外接时钟，可以提供 2 种时钟：（1）E1 信号时钟 2 Mbps（2.048 Mbps）的数字时钟；（2）2 MHz（2.048 MHz）的模拟时钟。该时钟分为 BITS0 和 BITS1 两种输入方式。BSC6000 通过 GGCU 单板上的同步时钟信号输入接口获取该时钟，为 GMPS/GEPS 插框提供参考时钟。

线路时钟是 GTCS 插框从 A 接口提取的 8 kHz 时钟，分为 LINE0 和 LINE1 两种输入方式。根据 BSC6000 插框组合方式的不同，BSC6000 获取线路时钟方式有如下要求：① BM/TC 分离时，各 GTCS 插框独立从 A 接口提取线路时钟；GGCU 单板通过 Ater 接口提取线路时钟，并为 GMPS/GEPS 插框提供参考时钟。② BM/TC 共框时，GMPS 插框从 A 接口提取线路时钟，该时钟通过背板通道传输到 GGCU 单板。③ A 接口 IP 化时，BSC6000 的时钟源不能为线路时钟。

6.1.3　BSC6000 单板功能

BSC6000 单板是在物理单板上加载不同的软件形成的逻辑单板，以下对 BSC6000 各子系统重要单板的功能进行详细介绍。

1. GTNU 单板

GTNU（GSM TDM Switching Network Unit）单板是 TDM 交换网络单元，物理单板为 TNUa。GTNU 单板为 BSC6000 TDM 的交换单元，完成 128 K×128 K TDM 交换功能，是整个系统的 TDM 交换中心。其固定配置在 GMPS/GEPS/GTCS 插框的第 4、5 号槽位，构成主备用关系，负责 TDM 网络资源分配，以及搭网和拆网功能。

2. GSCU 单板

GSCU（GSM Switching and Control Unit）单板是 GE 交换网络单元，物理单板为 SCUa，GSCU 单板为所在插框提供维护管理和 GE 交换平台。为本插框其他单板提供同步时钟和时间同步信息，固定配置插框的第 6、7 号槽位，构成主备用关系。

3. GXPUM/GXPUT 单板

GXPUM（GSM eXtensible Processing Unit for Main service）单板是主业务处理单元，GXPUT（GSM eXtensible Processing Unit for Transmission）单板是传输处理单元，物理单板均为 XPUa，内置 4 个 CPU 处理单元。

GXPUM 单板为 BSC6000 的主业务处理单元，配置在 GMPS/GEPS 插框的第 0、1 号槽位，主要功能为：① 提供寻呼控制功能。② 提供系统消息管理功能。③ 提供信道分配功能。④ 提供基站公共业务管理功能。⑤ 提供语音呼叫控制功能。⑥ 提供分组业务控制功能。⑦ 提供切换功能。⑧ 提供功率控制功能。⑨ 提供与小区广播中心 CBC（Cell Broadcast Center）之间接口功能。⑩ 提供小区广播消息存储功能。⑪ 支持按小区广播信道 CBCH（Cell Broadcast CHannel）调度小区广播消息。⑫ 提供 LAPD（Link Access Procedure on the D channel）协议处理功能。

GXPUT 单板为 BSC6000 GSM 传输处理单元，配置在 GMPS/GEPS 插框的第 2、3 号槽位，主要功能为：① 提供 LAPD 协议处理功能。② 提供 SS7 MTP3 协议处理功能。

4. GOMU 单板

GOMU（GSM Operation and Maintenance Unit）单板是操作维护单元，物理单板为 OMUb，GOMU 单板为 BSC6000 服务器单板，固定配置在 GMPS/GEPS 插框的第 20～23 号槽位，具有高速计算和海量数据处理的能力，是操作维护终端与 BSC6000 其他单板通信的桥梁，主要功能为：① 为 BSC6000 提供性能管理、故障管理、配置管理、安全管理和加载管理等功能。② 向 LMT/M2000 提供 BSC6000 的操作维护接口，实现 LMT/M2000 和 BSC6000 之间的通信控制。③ 作为 BSC6000 的操作维护处理中心，是操作维护终端与 BSC6000 其他单板通信的桥梁。

5. GDPUP 单板

GDPUP（GSM Data Processing Unit for PS service）单板是分组业务处理单元，物理单板为 DPUd，根据需求可配置在 GMPS 插框的 08～11 号槽位，GEPS 插框的 08～13 号槽位，实现分组域业务处理功能，主要功能为：① 提供 1 024 条同时激活的 MCS9 速率的 PDCH 信道分组业务处理功能。② 提供 1 024 条 MCS-9 PDCH 处理功能。③ 提供分组链路处理功能。④ 提供分组故障自检测功能。

6. GDPUX/GDPUC 单板

GDPUX（GSM Data Processing Unit for eXtensible service）单板是电路业务扩展处理单元，物理单板为 DPUc。GDPUC（GSM Data Processing Unit for CS service）单板是电路业务处理单元，物理单板为 DPUa。它们是 BSC6000 的电路业务处理单元，配置在 GTCS 插框的 00～03、08～13 号槽位，实现电路域业务处理功能，实现语音编解码功能，以资源池方式工作，主要功能为：① 提供语音业务编解码功能。② 提供数据业务速率适配功能。③ 提供 TFO 功能。④ 提供语音增强功能。⑤ 提供语音故障自检测功能。

7. GEIU 单板

GEIU（GSM E1/T1 Interface Unit）单板是 E1/T1 接口单元，物理单板为 EIUa，GEIU 接

口板包括：GEIUB 为 Abis 接口电路，GEIUT 为 Ater 接口电路，GEIUA 为 A 接口电路。主要功能为：① 提供 SS7 MTP2 协议处理功能。② 提供 LAPD 协议处理功能。③ 提供 GTCS 框拉远时的维护链路功能。④ 提供板级 TPS（支路保护倒换）功能。

8. GGCU 单板

GGCU（GSM General Clock Unit）单板是通用时钟单元，物理单板为 GCUa，固定配置在 GMPS 插框的第 12、13 号槽位，两块互为主备用关系。GGCU 板为 GMPS 和 GEPS 提供系统同步所需要的同步时钟信号。主要功能为：① 同步时钟的产生和保持功能。② 提供 GGCU 主备板输出同步信息一致性的功能。

6.2　BTS 设备

相较于放置在核心和区域网络机房的 BSC 设备，大量的 BTS 设备设立在铁路沿线的各个通信机房内，本节将介绍铁路 GSM-R 无线网络主要采用的华为 DBS3900 和 BTS3012 基站设备。

6.2.1　DBS3900

华为 DBS3900 基站采用分布式安装的先进理念，采用模块化设计，突破了传统基站各单板模块集中安装的理念，使得功能模块的安装位置不再受机柜的约束，安装方式也更新颖。相较于传统的基站，DBS3900 因为其灵活安装的特点，被广泛运用于铁路沿线及其隧道等复杂恶劣的环境中。

1. 技术特点

1）结构简洁

DBS3900 基站只有两种基本功能模块，减少了备件数量，降低了维护成本。基本功能模块依据现场实际场景可以进行灵活快速的安装，省去机房建设成本，对安装环境要求低。DBS3900 基站支持不同制式的模块共享传输、共享网管，实现多种制式的融合。

2）安装灵活

DBS3900 能够满足多种应用场景的需求，其射频模块支持上塔安装，所需的馈线长度大幅减少，节省了馈线成本。同时，由于上塔安装大大减少了馈线损耗，系统增益得到了 3～5 dB 的提高，覆盖半径增加 20%以上，以比传统宏基站低的机顶功率实现与其相当的覆盖能力。

3）宽带业务

DBS3900 基站的基带处理能力大大增强、内部带宽大大扩展，能够在空口支持所有时隙级的 MCS-9 业务。Abis 接口支持 IP 传输，传输带宽得到极大扩展。

4）节省功耗

DBS3900 基站通过引入多载波功放等硬件设计技术和智能功放管理等一系列软件省功耗技术，可以大幅降低基站的能耗。同时，射频模块采用自然散热方式，无须风扇即可在自然环境下工作，进一步降低了能耗，没有噪声，也减少了因为风扇原因导致的故障。

2. 设备组成

DBS3900 基于分布式安装的先进理念，采用了模块化设计，包括仅有的两种基本功能模块：基带控制单元 BBU3900 和射频拉远单元 RRU（Remote Radio Unit）。BBU3900 与 RRU 之间通过 CPRI（Common Public Radio Interface）接口光纤进行通信，使得模块的远距离分散安装成为可能。BBU3900 是基带控制单元，主要功能包括：实现基站与 BSC 之间的信号交互；提供系统时钟；集中管理整个基站系统，包括操作维护和信令处理；提供与 LMT 或 M2000 连接的维护通道。RRU 主要完成基带信号和射频信号的调制解调、数据处理、合分路等功能。单个 RRU3004 模块最大支持 2 个载波，针对不同的容量和覆盖需求，可以灵活地通过 RRU 级联方式快速扩容。

1）BBU3900 模块

（1）BBU3900 功能。

BBU3900 的主要功能包括：① 提供与 BSC 通信的物理接口，完成基站与 BSC 之间的功能交互。② 提供与射频模块之间通信的 CPRI 接口。③ 提供 USB 接口，执行基站软件下载。④ 提供与 LMT（或 M2000）连接的维护通道。⑤ 完成上下行数据处理功能。⑥ 集中管理整个分布式基站系统，包括操作维护和信令处理。⑦ 提供系统时钟。

（2）BBU3900 系统组成。

BBU3900 包含 5 个单元：基站接口单元、主控单元、高速接口单元、时钟单元和监控单元。其系统原理图如图 6-9 所示。

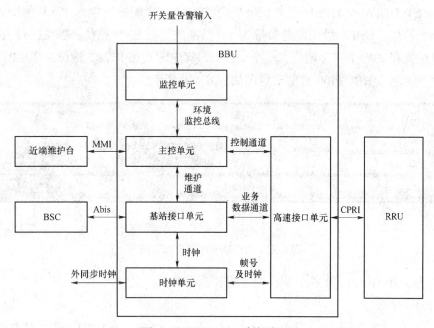

图 6-9　BBU3900 系统原理图

① 基站接口单元。

基站接口单元的主要功能如下：实现 BTS 与 BSC 之间的连接；实现 E1 时隙数据与内部数据总线之间的交换；实现下级时钟与上级时钟的同步。

② 主控单元。

主控单元集中管理整个分布式基站系统，包括操作维护和信令处理，并提供系统时钟。主要功能如下：支持 UART、HDLC、IP over FE 等多种通信协议，支持 HDLC HubBTS 功能；控制基站接口单元，实现与 BSC 的通信；控制射频接口单元，实现与 RRU 的通信；时钟模块功能包括基站时钟集中供给和管理，支持外部同步时钟的输入。

③ 高速接口单元。

高速接口单元的主要功能为：接收 RRU 送来的上行基带数据；向 RRU 发送下行基带数据；每个 BBU3900 提供 6 个 SFP 光模块接口。

④ 时钟单元。

时钟单元的主要功能为：提供基站所需的高精度时钟源及基于此时钟源的系统时钟；判断锁相状态，提供软件锁相、DA 调整，以及产生帧号。

⑤ 监控单元。

监控单元主要收集外部接入的各路开关量告警信息，并将告警信息上报给主控单元。

（3）BBU3900 硬件组成。

BBU3900 采用盒式结构，所有对外接口均位于盒体的前面板上。BBU3900 的单板包括：UEIU（环境接口板）、GTMU（GSM 主控传输板）、UELP（通用 E1/T1 防雷保护单元）、USCU（时钟单元）和 UPEU（电源与环境监控单元）。BBU3900 的模块包括：UBFA（风扇单元）。其中，GTMU、UBFA 和 UPEU 是必配单板。GTMU 最大配置数量为 1，只能配置在 Slot5 和 Slot6 两个槽位；UBFA 最大配置数量为 1，只能配置在 FAN 槽位；UPEU 最大配置数量为 2，可以配置在 PWR1 和 2 槽位，单个 UPEU，优先配置在 PWR2 槽位；UELP、UEIU 和 USCU 为选配单板。BBU3900 典型配置图如图 6－10 所示。

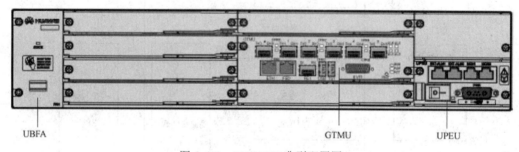

图 6－10　BBU3900 典型配置图

下面分别介绍 BBU3900 各个单板的功能和面板图及含义。

① GTMU 单板。

GTMU（GSM Transmission &Timing & Management Unit for BBU）单板是 BBU 基本传输及控制功能实体，提供基准时钟、电源监控、维护接口和外部告警采集接口，控制和管理整个基站。其主要功能为：负责 BTS 的控制、维护和操作；支持故障管理、配置管理、性能管理和安全管理；支持对风扇及电源模块的监控；集中供给和管理 BTS 时钟；提供时钟输出，用于测试；提供网口，用于终端维护；支持 4 路 E1 传输；提供与射频模块通信的 CPRI 接口。

GTMU 单板的面板图如图 6-11 所示。

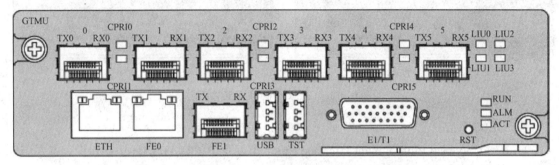

图 6-11　GTMU 单板面板图

GTMU 单板的接口说明如表 6-1 所示。

表 6-1　GTMU 单板的接口说明如表

面板标识	连接器类型	说　明
CPRI0～CPRI5	SFP 连接器	与射频模块互连数据传输接口，支持光电传输信号的输入、输出
ETH	RJ45 连接器	近端维护和调试
FE0	RJ45 连接器	预留接口，将实现功能： 采用网线形式与机房内路由设备连接，传输网络信息
FE1	DLC 连接器	预留接口，将实现功能： 采用光纤形式与机房内路由设备连接，传输网络信息
USB	USB 连接器	预留接口，将实现功能： 采用 U 盘自动进行软件升级
TST	USB 连接器	为测试仪表提供参考时钟
E1/T1	DB26 母型连接器	GTMU 单板与 UELP 单板或 BSC 之间的 4 路 E1/T1 信号的输入、输出

② UPEU 单板。

UPEU（Universal Power and Environment Interface Unit）单板是 BBU3900 的电源单板，用于实现 DC-48 V 或 DC+24 V 输入电源转换为 DC+12 V 电压。其主要功能为：将 DC-48 V 或 DC+24 V 输入电源转换为单板支持的 DC+12 V 工作电源；提供 2 路 RS485 信号接口和 8 路干结点信号接口；具有防反接功能。

UPEU 有两种单板类型，分别为 UPEA（Universal Power and Environment Interface Unit Type A）和 UPEB（Universal Power and Environment Interface Unit Type B），UPEA 单板是将 DC-48 V 输入电源转换为 DC+12 V 电源；UPEB 单板是将 DC+24 V 输入电源转换为 DC+12 V 电源，面板外观如图 6-12 所示。

③ UBFA 模块。

UBFA（Universal BBU Fan Unit Type A）模块是 BBU3900 的风扇模块，主要用于风扇的转速控制及风扇板的温度检测。其主要功能为：控制风扇转速；向主控板上报风扇状态；检测进风口温度。

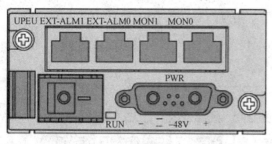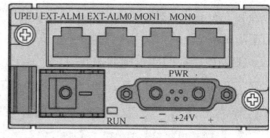

图 6-12　UPEA 单板和 UPEB 单板

④ UEIU 单板。

UEIU（Universal Environment Interface Unit）单板是 BBU3900 的环境接口板，主要用于将环境监控设备信息和告警信息传输给主控板。其主要功能为：提供 2 路 RS485 信号接口；提供 8 路干结点信号接口。

UEIU 单板的面板如图 6-13 所示。UEIU 面板提供 4 路 RJ45 接口，MON0 和 1 各提供 1 路 RS485 信号接口，EXT-ALM0 和 1 各提供 4 路干结点信号接口。

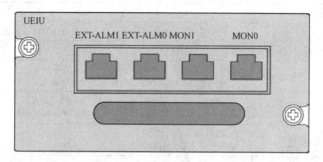

图 6-13　UEIU 单板面板图

⑤ UELP 单板。

UELP（Universal E1/T1 Lightning Protection Unit）单板是通用 E1/T1 防雷保护单元，可选配安装于 SLPU 模块或 BBU 模块内。每块 UELP 单板支持 4 路 E1/T1 信号的防雷，UELP 单板上有 1 个拨码开关，用于接收端的接地选择。拨码开关有四位拨码位。UELP 单板面板如图 6-14 所示。INSIDE 是 DB25 连接器，提供 E1 转接传输接口；OUTSIDE 是 DB26 连接器，提供 E1 传输接口。

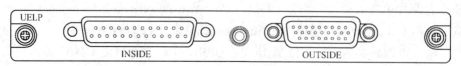

图 6-14　UELP 单板面板图

⑥ USCU 单板。

USCU（Universal Satellite card and Clock Unit）单板是通用星卡时钟单元。USCU 兼容 6 种星卡，为主控传输板提供绝对时间信息和 1 pps（pulse per second，脉冲每秒）参考时钟源，

并且支持 RGPS 接口和 BITS 接口。其主要功能为：为主控传输板提供绝对时间信息和 1 pps 参考时钟源；兼容 6 种类型星卡，包括 Resolution T、M2M、GPS15L、K161、GG16、JNS100；通过检测 1 pps 信号判断当前使用的卫星卡类型；支持 RGPS 信号输入；提供 BITS 接口，支持 2 MHz、10 MHz 时钟参考源自适应输入。

USCU 单板的面板如图 6-15 所示，1 为 GPS 接口，2 为 RGPS 接口，3 为 BITS 接口，4 为 TST 接口。

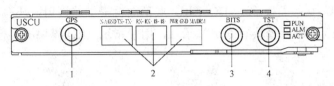

图 6-15　USCU 单板面板

2）RRU3004 模块

（1）RRU3004 功能。

RRU3004 是射频远端单元，主要完成基带信号及射频信号的处理。RRU3004 的主要功能包括：① 在发射通道采用直接变频技术，将信号调制到 GSM-R 发射频段，经滤波放大或合并后，由射频前端单元的双工滤波器送往天线发射。② 通过天馈接收射频信号，将接收信号下变频至中频信号，并进行放大处理、模数转换、数字下变频、匹配滤波、AGC（Automatic Gain Control）后发送给 BBU3900 进行处理。③ 功率控制和驻波检测。④ 频率合成和环路测试。⑤ CPRI 接口时钟电路产生、恢复及告警检测等功能，完成 CPRI 接口驱动。

（2）RRU3004 系统组成。

每个 RRU 模块包含：高速接口模块、信号处理单元、PA（Power Amplifier）、双双工器、LNA（Low Noise Amplifier）。RRU3004 模块的系统组成如图 6-16 所示。

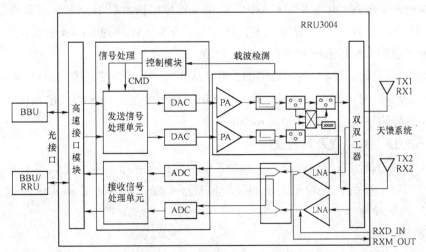

图 6-16　RRU3004 模块的系统组成

（3）RRU3004 硬件组成。

RRU 模块面板分为配线腔面板、底部面板和指示灯区域。配线腔面板提供电源接线柱（RTN＋、NEG－）、东西向光/电接口（TX RX CPRI_E/W）、告警接口（MON/EXT_ALM）、硬件复位按钮（RST）、驻波测试按钮（TST VSWR）和 CPRI 接口测试按钮（TST CPRI）。底部面板分为 DC RRU 底部面板和 AC RRU 底部面板。DC RRU 底部面板提供射频互联接口（RX_IN/OUT）、电调天线通信接口（RET），以及发送/接收射频接口 A 和 B（ANT_TX/RXA/B）。AC RRU 底部面板除了 DC RRU 底部面板提供的接口，还有交直流电源线接口（AC－in、DC－out）。RRU 模块有 6 个指示灯，用于指示 RRU 模块的运行状态。

6.2.2 BTS3012

BTS3012 是华为公司开发的双密度系列室内型宏基站，支持双密度收发信机，单机柜最大支持 12 载波。BTS3012 支持向 GERAN（GSM/EDGE Radio Access Network）的演进，适用于高密度大话务量用户地区及需要覆盖广的地区。

1. 技术特性

BTS3012 主要的技术特性包括：① 单机柜最多支持 12 载波，多机柜最大支持 72 载波。② 支持 PBT（Power Boost Technology）功能，一个载波最大功率可达 100 W。③ TCH/FS 信道静态灵敏度为－112.5 dBm（常温典型值）。④ 支持 Hub BTS 功能。⑤ 支持空口软同步。⑥ 支持环网快速倒换。⑦ 支持发射分集和四分集接收。⑧ 支持 Flex Abis 组网方式。⑨ 支持 Abis 传输优化。⑩ 支持本地交换功能。⑪ 支持 Abis over IP。⑫ 支持 Clock over IP。⑬ 支持 GPS 全网同步。⑭ 支持 E1、FE、T1、STM－1、微波和卫星等传输方式。⑮ 支持 850 MHz、900 MHz、1 800 MHz、1 900 MHz 多频段混合组网，满足不同地域运营商的要求。

2. BTS3012 物理结构

当外部输入电源为－48 V 时，BTS3012 机柜从物理结构上可划分为 DAFU 框、DTRU 框、风扇框、公共框、信号防雷框、传输框和配电单元。在小区配置为 S4/4/4 的情况下，BTS3012 机柜的一种典型的单机柜满配置如图 6－17 所示。

当外部输入电源为＋24 V 时，BTS3012 机柜从物理结构上可划分为 DAFU 框、DTRU 框、风扇框、公共框、信号防雷框、电源框和配电单元。在小区配置为 S4/4/4 的情况下，BTS3012 机柜的一种典型的单机柜满配置如图 6－18 所示。

3. BTS3012 系统原理及其组成

BTS3012 的系统组成包括：公共子系统、信号防护子系统、双密度载频子系统、射频前端子系统、天馈子系统、电源子系统和环境监控子系统。BTS3012 的系统原理如图 6－19 所示。

1）公共子系统

BTS3012 公共子系统完成对其他子系统和模块的管理和控制、E1 信号接入、基站时钟供给、环境告警采集和监控、全网时钟同步等功能。

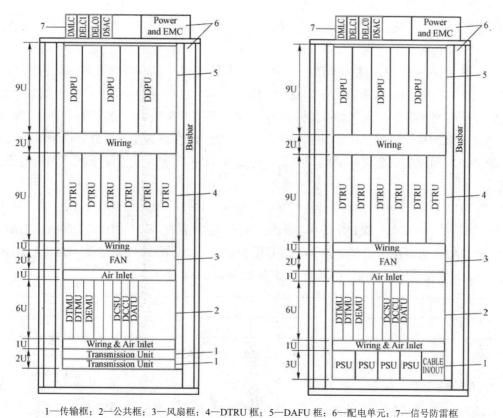

1—传输框；2—公共框；3—风扇框；4—DTRU 框；5—DAFU 框；6—配电单元；7—信号防雷框

图 6-17 BTS3012 单机柜典型满配置（-48 V）　图 6-18 BTS3012 单机柜典型满配置（+24 V）

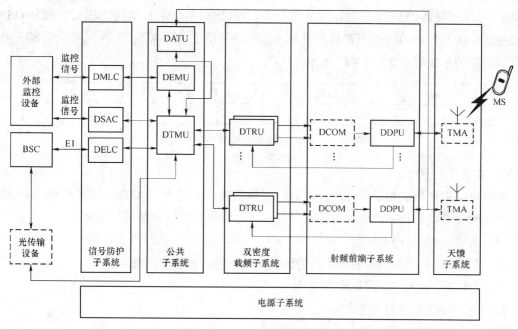

图 6-19 BTS3012 的系统原理

公共子系统主要完成如下功能：① 提供基站 Abis over IP 传输接口功能。② 提供基站 Hub 节点汇聚功能。③ 提供 Clock over IP 功能。④ 管理和控制其他子系统和模块。⑤ 实现基站与 BSC 的 E1 连接，默认配置支持 4 路 E1 信号输入，如有特殊要求，提供 8 路 E1 信号输入。⑥ 实现数字量告警信号和扩展数字量控制信号输出。⑦ 基站时钟集中供给和管理，以及时钟单元的热备份。⑧ 全网时钟同步，支持外部 BITS 同步时钟的输入。⑨ 完成基站设备的操作维护和管理监控。⑩ 机房内烟雾、水浸、温度、湿度、红外、门禁等环境变量采集和监控，为设备安全可靠的运转提供保障。⑪ 上报电调天线功能控制、馈电电流监控的相关告警。

BTS3012 公共子系统功能由公共框实现，公共框由 DTMU、DEMU、DATU、DCSU、DCCU、DPTU、DABB、DGPS 等单板组成。DTMU 配置在 0、1 槽位，DEMU、DABB、DGPS 和 DATU 可混插在机框 2、3、4、7 号槽位，DPTU 配置在 3、4 槽位，DCSU 和 DCCU 配置在 5、6 槽位。BTS3012 公共框单板配置如图 6−20 所示。

DTMU	DTMU	DEMU			DCSU	DCCU	DATU
0	1	2	3	4	5	6	7

图 6−20　BTS3012 公共框配置

2）信号防护子系统

BTS3012 信号防护子系统完成相关信号的防护与接入功能，主要完成如下功能：① E1 信号的防护接入。② 并柜并组信号防护。③ 开关量信号接入。④ 电源防雷器失效告警信号接入。⑤ BITS 时钟信号的防护接入。⑥ 烟雾/水浸/门禁/红外/温湿度传感器等信号的防护接入。

BTS3012 信号防护子系统功能由机顶框实现，机顶框由 DMLC 单板、DELC 单板和 DSAC 单板组成。DMLC 和 DELC 可混插在机框 0、1、2 号槽位，DSAC 插在 3 号槽位。BTS3012 机顶框典型的单板配置如图 6−21 所示。

DMLC	DELC1	DELC0	DSAC
0	1	2	3

图 6−21　BTS3012 机顶框典型单板配置

3）双密度载频子系统

BTS3012 双密度载频子系统功能由 DTRU 框实现，DTRU 框由 DTRU 模块组成，BTS3012 双密度载频子系统包括三部分：射频发射部分、射频接收部分和基带处理部分。

（1）射频发射部分的功能。

① 完成载波基带信号到射频信号的调制、上变频、滤波、射频跳频。

② 完成信号放大、合路输出等功能。

（2）射频接收部分的功能。

① 完成载波的射频信号解调、射频跳频。

② 完成射频信号的接收分路、分集接收。

（3）基带处理部分的功能。

① 完成信令处理、信道编译码、交织与解交织、调制与解调等功能。

② 支持话音业务，传真业务。

③ 支持 Phase Ⅱ 规定的各种数据业务，支持 GPRS 业务、EDGE 业务。

④ 支持射频环测、锁相环故障倒换。

4）射频前端子系统

BTS3012 射频前端子系统主要完成射频信号的收发双工、发射合路、接收分路、接收信号低噪声放大和相关的控制功能。主要功能包括：① 多路发射信号合路输出。② 收发信号双工。③ 天馈驻波及低噪放告警检测与上报。④ 低噪放增益控制。⑤ 天馈端口发射功率检测与上报。⑥ 单板温度检测及上报。⑦ 支持单板在位检测。⑧ 支持在线软件升级。

BTS3012 射频前端子系统功能由 DAFU 框实现，根据实际配置情况 DAFU 框可由 DDPU 模块、DCOM 模块、DFCU 模块及 DFCB 模块中的一种或几种组成。在小区配置为 S4/4/4 的情况下，若 DAFU 框选配 DDPU 模块，一种典型的配置如图 6-22 中（a）所示；若选配 DFCU 模块，一种典型的配置如图 6-22 中（b）所示。

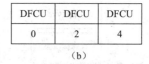

	DDPU		DDPU		DDPU		DFCU	DFCU	DFCU
0	1	2	3	4	5		0	2	4

（a）　　　　　　　　　　　　　　（b）

图 6-22　DAFU 框满配置

5）天馈子系统

BTS 天馈子系统完成上行信号的接收和下行信号的发射功能。BTS 天馈子系统主要完成功能：① 下行信号的发送。② 上行信号的接收。③ 放大上行信号。④ 天馈防雷。

6）电源子系统

BTS3012 电源子系统对接入的电源进行防雷和滤波等处理后，通过电源配电条 Busbar 向机柜内部各设备提供电源。BTS3012 电源子系统功能由机柜配电单元和电源框实现，由机柜顶部的直流电源防雷器、EMI 滤波器、机顶保护地排、机柜右侧的电源配电条 Busbar 及电源框中的 PSU（DC）模块组成。当外部输入电源为 -48 V 时，BTS3012 电源子系统结构如图 6-23 所示；当外部输入电源为 +24 V 时，BTS3012 电源子系统结构如图 6-24 所示。

图 6-23　BTS3012 电源子系统结构（-48 V）

图 6-24　BTS3012 电源子系统结构（+24 V）

7）环境监控子系统

BTS3012 是室内型基站，需具备完善的环境监控功能。BTS3012 的环境监控功能主要是通过传感器、DTMU 单板、DDF 配线盒等设备来实现，机柜内部温度的调节通过风扇盒模块来实现。BTS3012 环境监控子系统支持以下功能：① 管理和监控机柜内部环境，电源与蓄电池充放电情况，并将监控信息上报给 DTMU 单板。② DEMU 模块采集各个传感器送过来的温度、湿度、烟雾、水浸、门禁等环境变量并上报 DTMU 单板。DTMU 单板根据预先设定，执行相应操作并上报操作维护中心，以实现对基站环境的有效监控。③ 风扇框提供散热功能，为内部设备提供合适的运行环境，当温度超过门限值时发出告警。

BTS3012 环境监控子系统由 DDF 配线盒、DEMU 单板和各种传感器组成，环境监控子系统组成如图 6-25 所示。

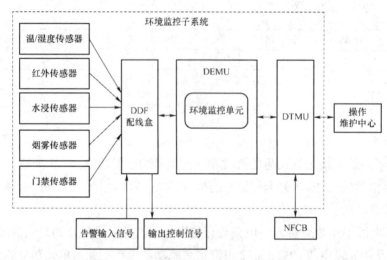

图 6-25　BTS3012 环境监控子系统组成

4. BTS3012 单板和模块清单（-48 V/+24 V）

BTS3012 的单板包括：DTMU、DEMU、DATU、DPTU、DABB、DCSU、DCCU、DCMB、DELC、DMLC、DSAC、DCTB、DTRB、DGPS。BTS3012 的模块包括：DTRU、DCOM、DDPU、DFCU、DFCB、PSU 和风扇盒。BTS3012 的单板和模块清单如表 6-2 所示。

表 6-2　BTS3012 的单板和模块清单

机框	单板/模块	中文名称	英文全称	单机柜配置数量说明	
				满配置	最小配置
公共框	DTMU	定时/传输和管理单元	Transmission/Timing/Management Unit for DTRU BTS	2	1

机框	单板/模块	中文名称	英文全称	单机柜配置数量说明	
				满配置	最小配置
公共框	DEMU	环境监控板	Environment Monitoring Unit for DTRU BTS	1	0
	DATU	天线和塔放控制板	Antenna and TMA Control Unit for DTRU BTS	2	0
	DPTU	分组传输单元	Packet Transmission Unit	2	0
	DABB	E1 旁路板	Abis Bypass Board for DTRU BTS	1	0
	DCSU	并柜信号转接板	Combined Cabinet Signal Connection Unit for DTRU BTS	1	1
	DCCU	信号转接板	Cable Connection Unit for DTRU BTS	1	1
	DCMB	公共单元背板	Common Module Backplane for DTRU BTS	1	1
	DGPS	GPS 信号处理单元	GPS Processing Unit for DTRU BTS	1	1
机顶框	DELC	E1 信号防雷板	E1 Signal Lightning－Protection Card for DTRU BTS	3	1
	DMLC	监控信号防雷板	Monitor Signal Lightning－Protection Card for DTRU BTS	1	0
	DSAC	扩展信号接入板	Signal Access Card for DTRU BTS	1	1
	DCTB	机顶背板	Cabinet Top Backplane for DTRU BTS	1	1
DTRU 框	DTBU	收发信机模块	Double－Transceiver Unit	6	1
	DTBB	双密度载频框背板	Double－Transceiver Unit Backplane		
DAFU 框	DCOM	合路单元	Combining Unit for DTRU BTS	3	0
	DDPU	双双工单元	Dual－Duplexer Unit for DTRU BTS	6	0
	DFCU	空腔合路滤波器	Filter Combiner Unit for DTRU BTS	3	0
	DFCB	空腔合路滤波器	Filter Combiner Unit for DTRU BTS	1	0
电源框（仅＋24 V 机柜配置）	PSU	配电单元	Power Supply Unit	4	1
风扇框	风扇盒	风扇盒	Fan Module	1	1

6.3　天　馈　系　统

　　天馈系统是指基站主设备与天线之间（含天线）用以实现移动信号覆盖的设备。它是 GSM-R 无线网络的重要组成部分，其性能优劣对移动通信质量整体的影响至关重要。本节将从天馈系统的结构与功能、天馈系统主要设备、典型的天馈系统等方面简单介绍天馈系统。

6.3.1　天馈系统结构与功能

　　基站天馈系统结构如图 6-26 所示。

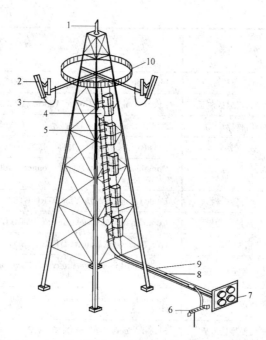

1—避雷针；2—定向天线；3—跳线；4—馈线接地夹；5—馈线固定夹；6—室外接地排；

7—馈线密封窗；8—馈线；9—室外走线架；10—铁塔平台护栏

图6-26 基站天馈系统结构图

天馈系统的功能如下：① 天线主要用来接收用户设备发射过来的上行信号和发射基站输出的下行信号。其中电调天线具备遥控功能，可以远程控制无线电下倾角。② 天馈系统对基站有一定的雷电保护作用（感应雷）。天馈系统中的避雷针把非常大的雷电流导通到地，从而大大减小了到达基站的雷电流。

6.3.2 天馈系统主要设备

天馈系统主要设备包括天线、泄漏电缆、馈线和跳线、RCU、BT、SBT、TMA、STMA、SASA、SASU、合路器、分路器和 AISG 控制线等。

1. 天线

天线的基本功能是辐射和接收无线电波。无线电发射机输出的射频信号，通过馈线输送到天线，由天线以电磁波形式辐射出去；电磁波到达接收地点后，由天线接收下来，并通过馈线送到无线电接收机。

1）天线种类

天线按不同的标准可分为 4 类，常见的天线外形图如图 6-27 所示。

（1）按辐射方向划分：全向天线、定向天线。

（2）按极化方式划分：单极化天线、双极化天线。

（3）按工作频段数量划分：单频天线、双频天线、多频天线。

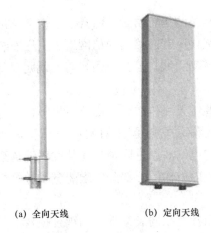

(a) 全向天线　　　　　　(b) 定向天线

图6-27　天线外形图

（4）按下倾方式划分：固定电下倾角天线、手动调节电下倾角天线、远程控制电下倾角天线。

2）天线波束下倾

天线波束下倾：在覆盖和网络优化中需要不断地调整天线的俯仰角，使基站天线的主波束依据网络要求进行下倾控制。天线波束下倾示意如图6-28所示。

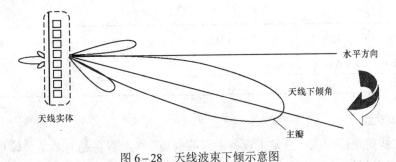

图6-28　天线波束下倾示意图

目前实现波束下倾的方法主要有两种：

（1）机械下倾：通过调整天线背面支架调整装置使天线发生下倾，改变天线倾角。

（2）电下倾：通过控制天线内部辐射单元的幅度和相位，使波束发生下倾，改变天线倾角。

电下倾方式分为以下三种：

（1）固定电下倾（Fixed Electrical Tilt，FET）：天线设计时，通过控制辐射单元的幅度和相位，使天线水平波束偏离法线方向一定的角度。

（2）手动可调电下倾（Manual Electrical Tilt，MET）：采用可调移相器，通过天线底部的旋转手柄或者调节螺母手动控制移相器移动，使波束发生下倾，从而实现手动调节。

（3）远程控制电下倾（Remote Electrical Tilt，RET）：外置或内置微型伺服系统，通过精密电机控制移相器移动，使波束发生下倾，从而实现远程控制电下倾。

3）天线方位角

天线方位角是指天线抛物面轴线与正北极的夹角，准确的方位角能保证基站的实际覆盖

125

与预期效果相同，保证整个网络的运行质量；而且，依据话务量或网络具体情况对方位角进行适当的调整，可以更好地优化现有的移动通信网络。工程安装中采用指南针来调整天线方位角。调整方位角时，轻轻转动天线调整方位角，直至满足设计指标。

2. 泄漏电缆

在隧道等环境中，利用普通天线传送无线信号效果不佳，这种情况下泄漏电缆有着极其广泛的应用。随着新型无线移动发射系统的发展，新型漏泄元件能以较低的衰减转发 900 MHz 波段内的信号。横向电磁波通过同轴电缆从发射端传至电缆的另一端，通过同轴电缆外导体上所开的槽孔，电缆内传输的一部分电磁能量发送至外界环境。同样，外界能量也能传入电缆内部。

泄漏电缆电性能的主要指标有纵向衰减常数和耦合损耗，其性能指标如表 6-3 所示。

（1）纵向衰减：普通同轴电缆内部的信号在一定频率下，随传输距离而变弱。衰减性能主要取决于绝缘层的类型及电缆的大小，也受制于外导体槽孔的排列方式。

（2）耦合损耗：耦合损耗描述的是电缆外部因耦合产生且被外界天线接收能量大小的指标。它定义为：特定距离下，被外界天线接收的能量与电缆中传输的能量之比。由于影响是相互的，也可用类似的方法分析信号从外界天线向电缆的传输。耦合损耗受电缆槽孔形式及外界环境对信号的干扰或反射影响。宽频范围内，辐射越强意味着耦合损耗越低。

表 6-3　泄漏电缆性能指标

项　　目	42 mm（$1\frac{5}{8}$ 英寸）	32 mm（$1\frac{1}{4}$ 英寸）	22 mm（$\frac{7}{8}$ 英寸）
最大传输衰减（20 ℃）900 MHz/（dB/100 m）	2.7	4.3	5.3
耦合损失（距离 2 m）（95%概率）900 MHz/dB	68	70	74

3. 馈线和跳线

馈线和跳线是连接天线与基站主设备之间的线缆，主要任务是有效地传输信号能量，将天线接收的信号以最小的损耗传送到接收机输入端，或将发射机发出的信号以最小的损耗传送到发射天线的输入端，其外形图如图 6-29 所示。

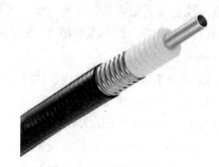

图 6-29　馈线和跳线外形

馈线硬度大，损耗小，一般用于长距离走线。馈线规格需要根据天线与基站之间的距离而定。常见的有 22 mm（$\frac{7}{8}$ 英寸）、32 mm（$1\frac{1}{4}$ 英寸）两种规格。跳线比较柔软，损耗较大，一般用于短距离连接。跳线大都为定长，常见的规格为 13 mm（$\frac{1}{2}$ 英寸）。

4. RCU

RCU（Remote Control Unit）是电调天线内部移相器的驱动马达，它接受来自基站的控制命令并执行命令，驱动步进马达，通过传动机构来带动天线内的可调移相器，以改变天线的下倾角。RCU 的控制接口为 RS485 接口。

RCU 的外形图如图 6-30 所示。

Kathrein RCU　　　Powerwave RCU

1—安装螺母用于连接天线的接口；2—AISG 标准母型连接器（8 芯接口）用于电调天线级联；
3—AISG 标准公型连接器（8 芯接口）用于连接电调天线信号线的接口

图 6-30　RCU 的外形图

5. BT

BT（Bias Tee）是将射频信号或 OOK 信号耦合进馈线的无源部件，安装在基站侧，外形图如图 6-31 所示。

1—SMA 接口；2—7/16 DIN 型公型连接器；3—接地端子；4—7/16 DIN 型母型连接器

图 6-31　BT 的外形图

6. SBT

SBT（Smart Bias Tee）是通过馈线为 RCU 提供直流电源和控制命令的部件，安装于 RET 天线侧。其外形图如图 6-32 所示。

SBT 的主要功能是：① 将来自馈线的 OOK 调制的控制命令转换成 RS485 信号，转发给 RCU。② 将来自 RCU 的信息由 RS485 信号转换为 OOK 信号，再转发至馈线。③ 将来自馈线的射频信号和控制信号分路送至天线和 RCU。④ 将来自馈线的直流电送至 RCU。

1—7/16 DIN 型母型连接器（接跳线）；2—AISG 标准母型连接器；3—7/16 DIN 型公型连接器（接天线）；4—接地端子

图 6-32　SBT 外形图

7. TMA/STMA

TMA（Tower Mounted Amplifier）是一种安装在塔上的低噪声放大器模块。TMA 将天线接收下来的微弱信号在塔上直接放大，以提高基站系统的接收灵敏度，提高系统的上行覆盖范围，同时有效降低用户设备的发射功率。

TMA 分为单 TMA 和双 TMA 两类，其主要功能如下：① 单 TMA 主要用于使用全向天线的基站和使用单极化天线的基站。② 双 TMA 主要用于使用双极化天线的基站。

一个双 TMA 等于两个单 TMA，只是在结构上将两个 TMA 做在一起，其外形如图 6-33 所示。

STMA（Smart Tower Mounted Amplifier）是具有 AISG 接口功能的 TMA，其主要功能为：① 将来自馈线的 OOK 信号转换成 RS485 信号，输出给 RCU。② 将来自 RCU 的 RS485 信号转换成 OOK 信号，输出到馈线。③ 将来自馈线的直流电源转供给 RCU。

STMA 外形图如图 6-34 所示。

1—7/16 DIN 型母型连接器（接来自天线的跳线）；
2—7/16 DIN 型母型连接器（接来自基站的馈线）；
3—接地端子

图 6-33　TMA 外形图

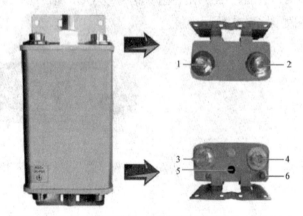

1—ANT 0（7/16 DIN 型母型连接器，接来自天线的跳线）；2—ANT 1（7/16 DIN 型母型连接器，接来自天线的跳线）；3—NodeB 0（7/16 DIN 型母型连接器，接来自基站的馈线）；4—ANT 0（7/16 DIN 型母型连接器，接来自基站的馈线）；5—AISG 标准母型连接器（8 芯接口，接 AISG 控制线）；6—接地端子

图 6-34　STMA 外形图

8. SASA/SASU

SASA（Same-band Antenna Sharing Adapter）可以在不影响原 GSM－R 无线网络性能的前提下，将 GSM－R 系统原来分别在两个天线上的发射载波合并到一个天线中。SASA 是 2G/3G 同频共天馈解决方案的重要组成部件。其外形如图 6－35 所示。

SASU（Same-band Antenna Sharing Unit）能将不同系统的两路同频信号合为一路，同时具备低插损特质，其外形如图 6－36 所示。

1—ANT－M（7/16 DIN 型公型连接器，接来自 SASU BS_M 端口的跳线）；2—ANT－D（7/16 DIN 型公型连接器，接来自 SASU BS_D 端口的跳线）；3—GSM－M（7/16 DIN 型公型连接器，接来自 GSM－R 基站主集接收端口的跳线）；4—GSM－D（7/16 DIN 型公型连接器，接来自 GSM－R 基站分集接口端口的跳线）

1—BS_D（7/16 DIN 型公型连接器，接至 GSM－R 基站分集接收端口）；2—BS_M（7/16 DIN 型公型连接器，接至 GSM－R 基站主集接收端口）；3—ANT_D（7/16 DIN 型公型连接器，接来自天线主集接收端口的跳线）；4—ANT_M（7/16 DIN 型公型连接器，接来自天线分集接收端口的跳线）；5—AISG_F（AISG 标准母型连接器，接至电调天线的 RCU）；6—UMTS_D（7/16 DIN 型公型连接器，接至 UMTS 基站分集接收端口）；7—UMTS_M（7/16 DIN 型公型连接器，接至 UMTS 基站主集接收端口）

图 6－35　SASA 外形　　　　　　　　图 6－36　SASU900 外形

9. 合路器

合路器是把多路信号合成为一路信号的部件，其外形如图 6－37 所示。

1—输入口（7/16 DIN 型母型连接器）；2—输出口（7/16 DIN 型母型连接器）
（合路器根据其功能，可分为同频合路器和异频合路器）

图 6－37　合路器外形

（1）同频合路器：把同频率的不同路信号合成为同频率的一路信号。

（2）异频合路器：将不同频率的不同路信号合成为含有不同频率信号成分的一路信号。

10. 分路器

当扇区分裂时，需要使用分路器。分路器将基站发出的射频信号、电调天线控制信号和直流信号分成多路，分别传送到几个扇区相应的天馈设备上。

分路器种类有很多，常见的有一分二、一分三、一分四分路器。不同型号的分路器，其连接器类型和功率也不同。图 6-38 为一分三分路器。

1—输入口（7/16 DIN 型母型连接器）；2—输出口（7/16 DIN 型母型连接器）

图 6-38　一分三分路器外形图

11. AISG 控制线

AISG 控制线是 RCU 与 SBT（或 STMA）间的信号线。常见的规格有 0.5 m、2 m、15 m 等，其外形如图 6-39 所示。

1—8 芯 AISG 标准公型连接器，接 SBT（或 STMA）；2—8 芯 AISG 标准母型连接器，接 RCU

图 6-39　0.5 m AISG 控制线外形图

连接 RCU 与 SBT（或 STMA）间的信号线的两端分别为：8 芯 AISG 标准公型连接器和 8 芯 AISG 标准母型连接器。

6.3.3　典型天馈系统

1. 宏基站天馈系统

宏基站容量大、体积大、功率大，是构建无线网络覆盖的主要设备类型，广泛应用于市区、郊区、农村、道路等各种环境。宏基站典型电调天馈系统配置方式，如图 6-40 所示，电调天线的控制可以在华为的网管 OMC 或基站终端维护界面上进行操作，通过网管 OMC 或基站终端下发的控制命令先发给基站，基站将该命令调制成 OOK 信号与直流电流一起输出到 BT，经 BT 耦合到馈线。OOK 信号与直流进入 SBT 后，通过 SBT 与 RCU 之间的控制电缆，直流被直接转给 RCU。OOK 信号先通过 SBT 被解调，转换成 RS485 信号，再输出给 RCU。

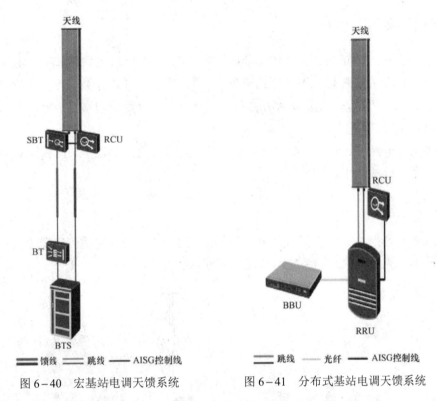

图 6-40　宏基站电调天馈系统　　　　图 6-41　分布式基站电调天馈系统

2. 分布式基站天馈系统

分布式基站又称射频拉远站，其体积小、重量轻、易安装。在无机房或机房位置不理想的情况下，采用分布式基站可经济快速地建好无线网络。分布式基站电调天馈系统配置方式，如图 6-41 所示。

6.4　直放站设备

在 GSM-R 无线网络中，受电波传播衰减和复杂无线环境的影响，不可避免地存在一些基站的无线电波覆盖范围出现弱场区或盲区的地方。由于 GSM-R 无线网络建设成本和现场条件的限制，不可能在所有的弱覆盖区域建设基站，因此可以在这些地区设置直放站，以增强无线电波的覆盖效果。

6.4.1　直放站作用

直放站工作在基站和移动台之间，是 GSM-R 系统的无线接口，通过双向中继放大射频信号，延伸基站信号的覆盖范围。在下行链路中，直放站接收施主基站的无线信号，然后通过功放进行射频功率放大，二次发射到需要覆盖的弱信号区域；在上行链路上，直放站将覆盖区域内的移动台发射的信号，通过低噪声放大器进行放大，转发给施主基站。

6.4.2　直放站类型

直放站的常见类型如下：① 按传输带宽分类，可分为宽带直放站和选频直放站。② 按使用场所分类，可分为室外直放站和室内直放站。③ 按传输方式分类，可分为同频直放站，移频直放站和光纤直放站。④ 按输出功率大小分类，可分为大功率直放站，中功率直放站和小功率直放站。

在众多的直放站中，光纤直放站凭借其干扰小、可靠性高等优点，在我国 GSM-R 无线网络中得到了广泛的运用。

6.4.3　光纤直放站

光纤直放站是把 GSM-R 无线信号转换为光信号，通过光纤传输到待覆盖区并进行信号覆盖的直放站。光纤直放站的系统结构图如图 6-42 所示。

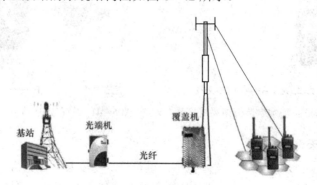

图 6-42　光纤直放站系统结构图

光纤直放站由近端机和远端机两部分组成，其组网图如图 6-43 所示。在下行方向上，近端机通过耦合器取出来自基站的下行信号，将射频信号转换为光信号再送到光纤传输；传送到远端机后，远端机再将光信号转换为射频信号，经功率放大器放大后由用户天线发射至覆盖区域，从而达到覆盖目的。同理，在上行方向上，远端机天线接受来自移动台的上行信号，经低噪声放大并转换为光信号输入光纤，传送到近端机后，将上行光信号变换为射频信号，经放大器放大，由耦合器传送给基站。

此外，近端机还通过光纤端口与远端机进行通信，实现远程监控。

6.4.4　光纤直放站设备

COMLAB 光纤直放站是铁路 GSM-R 无线网络广泛采用的直放站。

1. COMLAB 光纤直放站的主要技术指标

（1）频率范围：上行链路 885～889 MHz，下行链路 930～934 MHz。

（2）双工收发间隔：45 MHz；相邻频道间隔：200 kHz。

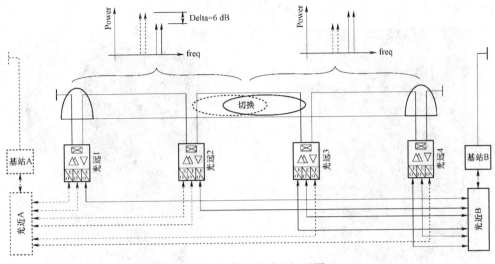

图 6-43　光纤直放站组网图

（3）具备本地监控和远程监控功能。

（4）主要模块（光端机和功放）热备份，以及主备从自动切换。

（5）光纤采用波分复用方式，支持 1 310 nm（远端）、1 550 nm（近端）波长。

（6）下行增益（RU 光端机射频输出端到 RU 天线口）：35～58 dB。

（7）上行增益（RU 天线口到 RU 光端机射频输入端）：10～30 dB。

（8）远端机下行最大输出功率：35 dBm。

（9）电缆监测发射频率：868.025～869.975 MHz。

（10）RU 蓄电池最长供电时间：≥3 h（选配）。

（11）最大 DC 保护电压（天线口）：DC 3 kV。

（12）输入输出阻抗：50 Ω。

（13）电源：远端单元用交流 AC 220 V ± 30%。

（14）近端单元用直流 DC −48 V（波动范围−40～57 V）。

（15）工作温度：正常 +15～+30 ℃；极限 −40～+55 ℃。

2. 近端机

COMLAB 光纤直放站近端机的外观如图 6-44 所示。

COMLAB 近端机光纤模块各指示灯的含义如表 6-4 所示。

表 6-4　COMLAB 近端机光纤模块各指示灯含义

指示灯/状态	FOINSP	FOANDT	Tx	Rx
绿色	正常		正常	正常
黄色		不能建立连接		
红色			光发射故障	光接收故障
黄灯闪		建立自检过程		

3. 远端机

COMLAB 光纤直放站远端机的外观如图 6-45 所示。

图 6-44 COMLAB 光纤直放站近端机外观图   图 6-45 COMLAB 光纤直放站远端机外观图

COMLAB 远端机 MOXA 控制卡各指示灯含义如表 6-5 所示。

表 6-5   COMLAB 远端机 MOXA 控制卡各指示灯含义

指示灯名称	指示灯颜色	状态描述
Ready	绿色	电源打开且功能正常
Tx	绿色	串口 1/2 正在发送数据
	不亮	—
Rx	黄色	串口 1/2 正在接收数据
	不亮	—

第7章
GSM-R无线网络工程施工及设备维护

GSM-R无线网络工程施工的质量直接关系到GSM-R系统的正常运行,以及后续的维护和管理等工作,只有施工系统化、规范化,才能有效地避免因施工原因造成设备工作不稳定的情况,提高设备运行的可靠性和工作效率;GSM-R无线网络的维护工作则是GSM-R无线网络正常运行的重要保障,通过对设备进行维护,及时了解设备的运行状态,能够提前发现系统中存在的安全隐患,同时在设备出现故障时,能够及时进行适当的处理。

本章分为两节,分别对GSM-R无线网络工程施工及设备维护进行介绍。

7.1 GSM-R无线网络工程施工

本节首先介绍GSM-R无线网络工程施工的一般流程,然后重点介绍GSM-R无线网络设备安装与调试的过程,包括BSC、BTS、天馈系统和直放站的施工流程、安装方法和要求,以及开通和调试的步骤。

7.1.1 GSM-R无线网络工程施工流程

GSM-R无线网络工程施工流程如图7-1所示。

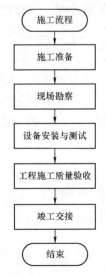

图7-1 GSM-R无线网络工程施工流程图

1. 施工准备

1）施工计划

为了保证整个 GSM-R 无线网络工程施工的顺利进行，需要制订一个切实可行的计划，合理安排施工进度，确定施工人员、工器具、材料及相关技术标准。工程开工前，应办理开工报告，并签订施工安全协议等相关协议。

2）审核文件

GSM-R 无线网络工程施工单位应组织参加施工的技术人员认真审阅设计文件，掌握工程的全部施工内容和设计要求，对施工现场的实际条件，对施工图的设计说明、技术方案、工程数量等内容进行详细核查。

GSM-R 无线网络工程施工设计文件主要包括机房设备平面布置图、室内走线架平面设计图、设备接配线图、光电缆径路图等。图纸核对包括下列主要内容：图纸的组成内容是否符合有关规定，施工图纸是否齐全，设计说明书、工程数量及主要设备和器材的规格、数量表是否与图纸相符，施工图与现场实际是否一致。

施工图核对中发现的问题应及时与建设、设计、监理单位联系解决，且核对完毕后应留存完整记录。

2. 现场勘察

工程开工前，施工单位人员应根据施工文件对施工环境进行勘察和确认，判断是否符合开工条件。现场勘察的主要内容如下。

1）施工环境调查

施工环境调查，包括施工现场的地形、地质、气象、水文情况，施工过程中可能对现场环境，以及现场环境可能对施工质量的影响。

2）设备房屋调查

设备房屋调查，包括室内设备搬运和安装条件，室内预留管、孔、槽道、建筑装修及温湿度等设备运行环境。在既有设备房屋施工时，还应包括既有相关设备状况。通信设备供电工程施工应完成情况调查，且防雷设施和综合接地应满足条件。

3）电磁干扰调查

电磁干扰的影响复查主要针对现场的实际情况，通过专用的仪器仪表进行实地的电磁调查，复查现场电磁环境是否与原设计方案一致，有无其他新突发的电磁干扰。

当上述调查结果不符合设计要求时，应及时通知设计单位。必要时，由设计单位根据实际情况和规定的程序进行设计变更。

3. 设备安装与测试

设备安装与测试是 GSM-R 无线网络工程施工的主要环节，可分为设备开箱检验、设备安装、设备测试三个阶段。

1）设备开箱检验

设备开箱检验工作应在监理的主持下，邀请主管工程师，会同设备供应商代表共同对到达施工现场的设备和主要材料进行开箱清点和外观检查。

清点内容包括：设备及材料的型号、规格、数量应符合订货合同清单及设计要求，保存清点清单。清点及检验过程中发现的各类异常情况应在监理见证下由设备供货商限期解决，而后方可再进行开箱验货流程。

2）设备安装

设备安装应依据施工设计图纸、技术规范、厂家的安装手册等文件进行。

3）设备测试

设备安装完成后，要对设备进行加电测试和开通测试，以使设备能够正常运行。

4. 工程施工质量验收

工程施工质量验收是保证 GSM-R 无线网络工程施工质量的关键环节。施工部门应建立健全质量保证体系，对工程质量进行全过程控制；建设单位、设计单位、监理单位等各方按有关规定对工程施工质量进行控制。

施工单位应建立相应的施工技术标准、健全的质量管理体系和施工质量检验制度；应对工程采用的材料、配件、设备进行验收，并经监理工程师检查认可；应对各工序进行检查，并形成记录。

在施工单位自行检查评定合格的基础上，由具备规定资格的各方人员对工程施工质量进行验收。GSM-R 无线网络工程质量验收标准要遵守国家和铁路行业有关标准的规定。在系统验收时，应由具有相应资质的检测单位进行系统性能检测，并出具检测报告。

对施工质量不符合要求的部门，要返工重做或更换配件、设备，然后重新验收。对于经过返修或加固处理仍不能满足安全和使用功能的工程，严禁验收。

5. 竣工交接

通过工程施工质量验收的 GSM-R 无线网络工程，由施工部门向建设单位进行交接，而后由铁路部门对 GSM-R 无线网络进行运营、维护和管路。

7.1.2　BSC 设备安装与调测

1. BSC 设备安装

BSC 设备安装的主要内容包括：机柜及机柜配件、机柜外接电源线和保护地线、GOMU 单板、信号线等。

1）BSC 施工准备

在 BSC 设备安装前，应完成设计文件审核、施工现场勘察、设备开箱检验等准备工作。其中设备检验主要包括以下几个方面：

（1）外观检查：检查机柜外观有无缺陷、是否牢固，有无松动、扭曲变形或破损现象；标识字是否清晰，插框板名条及装饰板等是否安装齐全并合乎使用要求。

（2）配套性检查：检查安装机柜所需的各部件和附件是否配套完整。

（3）计算机终端检查：检查显示器、键盘、鼠标是否齐全，有无损坏。

（4）单板检查：检查单板型号、数量是否与装箱单内容相符，以及是否存在印制板断裂、元器件脱落等现象。

2）BSC 机框安装

（1）机框安装要求包括：机框的安装位置及安装方法符合设计要求；机框对地加固，或固定在底座上；机框安装应垂直，调节其偏差不大于机框高度的 1%，当相邻机框相互靠拢时，其间隙不大于 3 mm，相邻机框正立面。

（2）BSC 机框安装步骤。根据机房的种类不同，设备机框的安装分为两种情况：在防静电地板上定位机柜和在水泥地面上安装机柜。铁路中 GSM-R 机房内大部分带有防静电地板，防静电地板机房的机架定位步骤包括：确定机柜安装位置、划线、钻孔、安装膨胀螺栓组件。

具体工作包括：① 用地板吸移开安装区域的防静电地板；② 移去防静电地板的支撑件；③ 对安装区域进行卫生清理；④ 选择在水泥地面上确定膨胀螺栓组件孔位的方法；⑤ 使用安装划线模板划线并确定膨胀螺栓组件孔位；⑥ 使用卷尺确定膨胀螺栓组件孔位；⑦ 钻孔并安装膨胀螺栓组件。

3）BSC 电源线、地线安装

需要安装的电源线和保护地线包括：机柜外接 -48 V 电源线、机柜外接 RTN 电源线、机柜外接 PGND 保护地线、机柜互连 PGND 保护地线。

安装 BSC 电源线和保护地线时需遵循布放工艺要求和绑扎工艺要求。

（1）布放工艺要求：① 电源线和保护地线布放时，应考虑到将来扩容的需要。② 电源线和保护地线布放时，应同信号线分开布放；与信号线平行走线时，相距应不小于 30 mm。③ 电缆转弯时，弯曲半径应大于电缆直径的 5 倍。④ 下走线时，电源线在机柜顶部配电盒进线孔处应留有余量，以便于电源线端子的装接，同时要保证电缆在机顶布放平整。⑤ 电源线连接至机柜内配电盒的接线端子时，走线应平直，弧度圆滑。

（2）绑扎工艺要求：① 电源线和保护地线绑扎时，应同信号线分开绑扎。② 电源线和保护地线每段绑扎距离为 200 mm。③ 采用下走线时，电源线及保护地线应从机柜正面右侧的中间立柱穿下。④ 线扣根据线缆的直径及数量选择 150 mm 或 300 mm 的规格。⑤ 线扣需朝向一致，扎紧后剪掉线扣多余部分，剪口平齐不拉尖。

4）BSC 单板安装

BSC 发货时，除 GOMU 单板，其余单板已经装配在插框中。若 BSC 中装配有 EIUa/PEUa/POUa 单板，则需要检查和设置单板拨码开关。GOMU 单板需要现场安装。

安装、拆卸、更换 BSC 单板，或对单板进行其他接触操作时，需遵守相关设备和人身安全事项，操作过程要求：

（1）正确佩戴防静电腕带或者防静电手套，并将防静电腕带可靠接地。

（2）更换单板硬件或芯片时要求使用简易防静电台垫。拿取或者插拔芯片应使用防静电镊子和芯片起拔器。禁止用裸手直接触摸芯片及印制电路板上的芯片及引脚。

（3）外接线缆、端口保护套接入设备端口需要事先进行放电处理。

（4）安装单板的过程中不要用手触碰印制电路板和除跳线、拨码开关以外的器件。

（5）将暂时拆下来的单板或部件放置在防静电工具包中的简易防静电台垫上或其他有效的

防静电材料上。禁止使用白色泡沫、普通塑料袋、纸袋等非防静电材料直接包装或接触单板。

安装 GOMU 操作步骤如下：

（1）从防静电盒中取出单板，检查单板插针和插座。若有歪针、缺针、断针或插座变形则应联系华为工程师更换单板。

（2）如图 7−2 中ⓐ所示，向内推压拉手条上的自锁弹片，同时向外扳动拉手条扳手使其脱离自锁弹片，并继续向外旋转至不能旋转，确认其处于图 7−2 中②所示的位置。

（3）一只手握住单板的面板，另一只手托住单板，顺导槽将单板插入插框，然后用力推进面板，至扳手扣合面扣住插框滑道，拉手条扳手处于半合状态。如图 7−2 中③所示。

（4）如图 7−2 中④所示，双手同时迅速将拉手条扳手向内拉动旋转约 60°，使其紧扣拉手条上的自锁弹片，此时单板已经插紧到背板上，单板拉手条已插紧到插框上。

（5）将螺钉向内推压并顺时针拧紧，将单板固定。如图 7−2 中ⓑ所示。

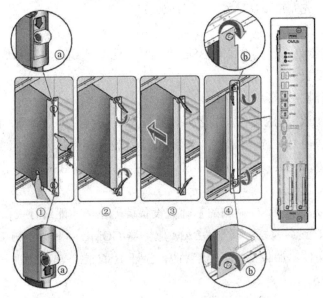

图 7−2　安装 BSC 单板示意图

5）信号线安装

BSC 信号线需要按照 BSC 信号线布放要求安装，需要安装的 BSC 信号线包括时钟信号线、网线、光纤及 E1/T1 线等。信号线布放应该满足最小弯曲半径、布线原则、布放工艺要求和绑扎工艺要求。安装 BSC 信号线时应遵循如下事项：

（1）不要用力拉扯光纤，或用脚及其他重物踩压光纤，以免造成光纤的损坏。

（2）光纤连接器在未使用时必须盖上防尘帽。

（3）如果信号线接头发货时已经做好，在布放过程中要使用单板包装袋等柔软结实的材料进行包扎，以免接头损坏。

（4）布放信号线时不得损伤信号线外皮。

（5）在下挂式光纤盘上缠绕多余的光纤时，注意缠绕时用力均匀，以免损坏光纤。

（6）线缆的实际安装位置需要满足工勘要求并和数据配置保持一致。

（7）在安装信号线过程中，跨柜间多余的互连线缆应遵从线缆弯曲半径要求，整齐布放于机柜内左右两侧内。

（8）相关操作指导仅针对安装方法进行描述，线缆的实际安装位置需要满足工勘要求并和数据配置方案保持一致。

由于 BSC 机柜出线量很大，在扩容、布线时必须严格遵循布放规则，避免因走线空间的浪费而影响后续扩容。上、下走线线缆的布放顺序相同，原则如下：

（1）前走线、后走线无先后顺序，遵循"前线前走，后线后走"的原则。

（2）前走线时，GTNU 交叉电缆与网线和时钟信号线应分开走线路由，GTNU 交叉电缆走左侧，网线和时钟信号线走右侧。先布放网线，再布放时钟信号线，其他信号线的布放无先后顺序。

（3）后走线时，先布放 E1/T1 线，再布放光纤。

6）检查 BSC 硬件安装

在 BSC 硬件安装完成后，需要对 BSC 机框、电源线地线、单板和信号线等进行检查，确定硬件安装符合要求。

2. BSC 设备调测

BSC 调测是指 BSC 完成硬件安装之后，通过设备调测、接口调测、BSC 软件加载调测和业务调测等步骤，使 BSC 正常工作，确保 BSC 按设计要求投入使用。具体内容包括：调测 BSC 设备，依次验证 Ater、A、Pb、Abis、Gb 接口，验证 BSC 业务。

1）调测 BSC 设备

调测 BSC 设备是整个 BSC 调测的基础，设备调测完毕才能进行接口调测和业务调测等其他调测。调测 BSC 设备包括：调测 GBAM 服务器/GOMU 单板、调测 LMT、配置 BSC 时钟、加载数据配置文件、加载 BSC 主机软件、验证 BSC 主备单板倒换和验证 License 配置信息。

2）验证 Ater 接口

当 BSC 使用 GEIUT 单板承载 Ater 接口，且 GTCS 插框采用本地配置时，验证 Ater 接口 E1/T1 链路。其具体操作步骤为：在"BSC6000 本地维护终端"主界面上选择"BSC 属性"标签。单击"Ater 连接通道"，查找需要验证的 Ater 连接通道所对应的"插框号""槽位号""端口号"，并记录。单击"退出"，关闭界面。选择菜单"BSC 维护 | 传输和信令维护 | 接口板端口信息查询"，在弹出界面中设置"端口位置信息"（以 11 号插框 14 号槽位的 0 号端口为例），单击"查询"，查询界面如图 7-3 所示。单击"取消"，关闭界面。重复操作，验证其他 Ater 连接通道 E1/T1 链路是否正常。

3）验证 A 接口

当 BSC 使用 GEIUA 单板承载 A 接口时，需要验证 A 接口 E1/T1 链路。其具体操作步骤为：在"BSC6000 本地维护终端"主界面上选择"BSC 属性"标签。单击"E1/T1 接口时隙"，弹出界面如图 7-4 所示。在"A 接口 E1/T1"标签中，查找需要验证的 A 接口所对应

的 E1/T1 链路配置信息，例如 0 号插框 15 号槽位 0 号端口。单击"退出"，关闭界面。选择菜单"BSC 维护 | 传输和信令维护 | 接口板端口信息查询"，在弹出界面中输入 0 号插框、15 号槽位、0 号端口，单击"查询"，查询端口状态是否正常。单击"取消"，关闭界面。重复操作，查询其他 E1/T1 链路是否正常。

图 7-3　Ater 连接通道一端端口状态查询界面

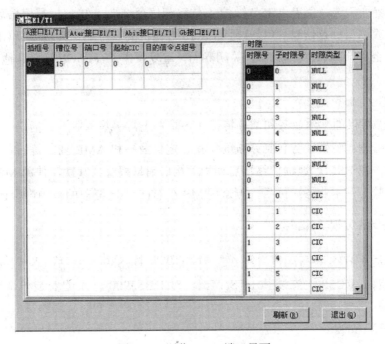

图 7-4　浏览 E1/T1 端口界面

4）验证 Pb 接口

当 BSC 使用 GEIUP 单板承载 Pb 接口时，验证 Pb 接口 E1/T1 链路。其具体操作步骤为：在"BSC6000 本地维护终端"主界面上选择"BSC 属性"标签。点击"E1/T1 接口时隙"，选择"Pb 接口 E1/T1"标签。查找需要验证的 E1/T1 链路配置信息，例如 0 号插框 16 号槽位 0 号端口。单击"退出"，关闭界面。选择菜单"BSC 维护｜传输和信令维护｜接口板端口信息查询"，在弹出界面中输入"插框号""槽位号""端口号"，单击"查询"，如果"端口状态"为"正常"，则说明 Pb 接口 E1/T1 链路正常。单击"取消"，关闭界面。重复操作，查询其他 E1/T1 链路是否正常。

5）验证 Abis 接口

当 BSC 使用 GEIUB/GEXUB 单板承载 Abis 接口时，验证 Abis 接口 E1/T1 链路。其具体操作步骤为：在"BSC6000 本地维护终端"主界面上选择"BSC 属性"标签。单击"E1/T1 接口时隙"，选择"Abis 接口 E1/T1"标签。查找需要验证的 Abis 接口 E1/T1 链路所占的时隙及对应的 GEIUB 单板的配置信息，并记录。单击"退出"，关闭界面。选择菜单"BSC 维护｜传输和信令维护｜接口板端口信息查询"，在弹出界面中设置"端口位置信息"（以 0 号插框 25 号槽位的 1 号端口为例），单击"查询"，查询端口状态是否正常。单击"取消"，关闭界面。重复操作，查询 Abis 接口其他 E1/T1 链路是否正常。

6）验证 Gb 接口

当 BSC 使用 GEPUG 单板承载 Gb 接口时，需要验证 Gb 接口 E1/T1 链路。其具体操作步骤为：在"BSC6000 本地维护终端"主界面上选择"BSC 属性"标签。单击"E1/T1 接口时隙"，选择"Gb 接口 E1/T1"标签。查找需要验证的 E1/T1 链路配置信息，并记录。单击"退出"，关闭界面。选择菜单"BSC 维护｜传输和信令维护｜接口板端口信息查询"，在弹出界面中设置"端口位置信息"（以 0 号插框 16 号槽位的 0 号端口为例），单击"查询"，查询端口状态是否正常。单击"取消"，关闭界面。重复操作，查询 Gb 接口其他 E1/T1 链路是否正常。

7）验证 BSC 业务

验证 BSC 提供的基本业务和部分特性业务是否正常。基本业务包括语音业务、数据业务、操作维护管理；特性业务包括系统间切换、定位业务和 AMR 业务等。首先，在进行各项验证任务前，在 BSC 本地维护终端启动相关接口消息跟踪；其次，使用 MS 在 BTS 小区覆盖的范围内验证基本业务；最后，测试用 MS 在 BTS 小区覆盖的范围内验证特性业务。

7.1.3　BTS 设备安装与调试

GSM-R 基站 BTS 设备配置参照 6.2 节中的华为 DBS3900 基站，本节将分三部分，即 BBU3900 安装、RRU3004 安装和 BTS 调试，对 DBS3900 基站的安装和调试进行详细的介绍。

1. BBU3900 安装

基站 BTS 设备 BBU3900 安装流程介绍如下。

1）安装配套机框

基站机房主要设置 BTS 机框和传输设备机框，它们的安装要求和安装流程与 BSC 机框要求相同，参见 7.1.2 节中 BSC 设备安装与调测。

2）安装配套机框线缆

基站配套机框线缆的安装要求和安装流程与 BSC 配线架要求相同，参见 7.1.2 节中 BSC 设备安装与调测。

3）安装 BBU 盒体

将 BBU 盒体沿滑道推入 PDU 下面 2U 空间内，拧紧 4 个 M6 紧固螺钉。安装 BBU 盒体示意如图 7-5 所示。

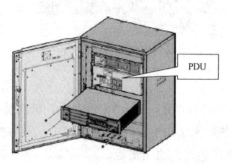

图 7-5　安装 BBU 盒体示意图

4）安装 BBU 线缆

BBU 线缆连接关系图如图 7-6 所示。

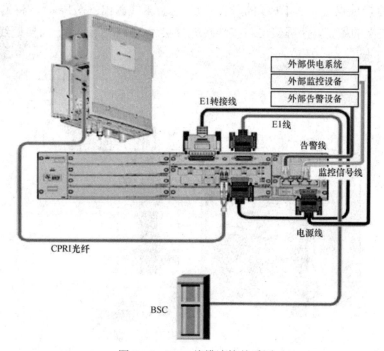

图 7-6　BBU 线缆连接关系图

（1）安装电源线。

电源线的 OT 端子接到 APM30 的 LOAD3 端子上，3W3 连接器连接到 BBU 的 PWR 接口，其安装示意图如图 7-7 所示。

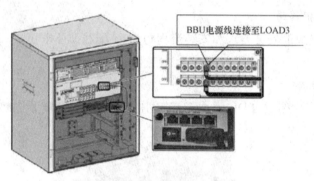

图 7-7　安装电源线示意图

（2）安装 CPRI 光纤。

光纤的一端连接到 BBU 的 GTMU 面板的 CPRI0～CPRI2 接口，另一端连接到 RRU 的 CPRI_W 接口：① 将光模块插入 CPRI0～CPRI2 接口中，并将拉环折翻上去。② 将 CPRI 光纤插入光模块中，光纤沿机柜右侧引出机柜。③ 安装光纤缠绕管。

（3）安装 E1 线（无 UELP）。

E1 线的一端连接到 GTMU 单板的 E1/T1 接口，另一端沿机柜的右边引出机柜。其安装示意图如图 7-8 所示。① 将 E1 线的 DB26 连接器端安装在 GTMU 单板的 E1/T1 接口。② 在机柜右下角靠近接地点处剥去 E1 线的外保护皮，使 E1 线露出屏蔽层。③ 将 E1 线穿过接地夹，拧紧接地夹上的螺钉，使屏蔽层与接地夹充分接触，并将接地夹上的接地线接在 APM30 机柜的接地螺钉上。

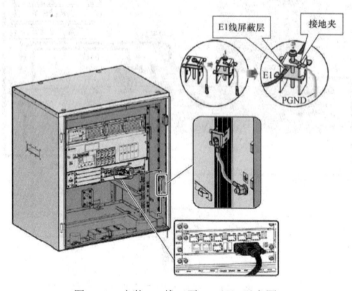

图 7-8　安装 E1 线（无 UELP）示意图

（4）安装 E1 转接线（有 UELP）。

E1 转接线的一端接在 UELP 单板的 INSIDE 接口，另一端接在 GTMU 单板的 E1/T1 接口。E1 线接在 UELP 单板的 OUTSIDE 接口，另一端沿机柜右边引出机柜。

（5）安装 APMI－BBU 监控信号线。

RJ45 端连接到 UPEU 单板的 MON1 接口，另一端现场需要剪断 RJ45 接头，将 4 根芯线分别连接到 APMI 的 RX＋、RX－、TX＋、TX－，其安装示意图如图 7-9 所示。

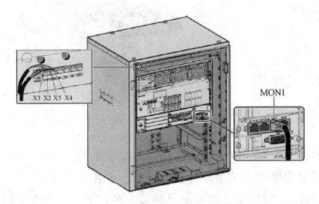

图 7-9　安装 APMI－BBU 监控信号线示意图

（6）安装 EMUA 监控信号线（有外部干接点、模拟量检测需求时配置 EMUA）。

安装 EMUA 监控信号线具体操作流程如下：① BBU 单板的 MON0 接口可用时，EMUA 监控信号线的 RJ45 端连接到 UPEU 单板的 MON0 接口，DB9 一端连接到 EMUA 对应接口上。② BBU 单板的 MON0 接口不可用时，EMUA 监控信号线的 RJ45 端需要剪掉 RJ45 连接器，将 4 根裸线连接到 APMI 的 RX＋、RX－、TX＋、TX－接口，DB9 一端连接到 EMUA 对应接口上。

（7）安装告警线。

告警线的一端连接到 UPEU 的 EXT－ALM1 接口，另一端连接到相应告警设备。

5）BBU 上电检查

BBU 上电检查流程图如图 7-10 所示。

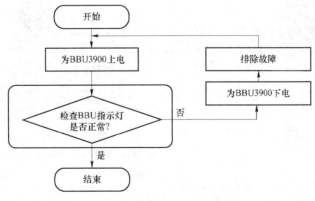

图 7-10　BBU 上电检查流程图

2. RRU3004 安装

1）安装 RRU 模块

（1）安装主扣件，其安装示意图如图 7-11 所示。

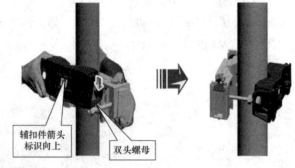

图 7-11　安装主扣件示意图　　　　图 7-12　安装辅扣件示意图

（2）将辅扣件卡在主扣件的双头螺母之间，其安装示意图如图 7-12 所示。

（3）用活动扳手紧固螺母，使主、辅扣件牢牢地卡在杆体上。

（4）将 RRU 安装在主扣件上，当听见"咔嚓"的声响时，表明 RRU 已安装到位。

（5）安装第二个主扣件，使主辅扣件吻合在一起。

（6）将第二个 RRU 安装在主扣件上，当听见"咔嚓"的声响时，表明 RRU 已安装到位，安装完成示意图如图 7-13 所示。

2）安装 RRU 线缆

单 RRU 线缆连接关系图如图 7-14 所示。

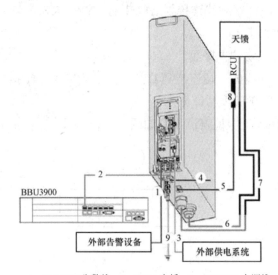

1—DC RRU 告警线；2—CPRI 光纤；3—DC RRU 电源线；
4—RRU 互连射频信号线；5—RRU AISG 多芯线；
6—RRU 射频跳线；7—馈线；8—RRU AISG 延长线；
9—保护地线

图 7-13　RRU 模块安装完成示意图　　　图 7-14　单 RRU 线缆连接关系图

安装 RRU 线缆的具体操作步骤包括：① 打开 RRU 配线腔。② 确认 RRU 配线腔走线槽对应关系。③ RRU 线缆安装。④ 关闭 RRU 配线腔盖板。

3）RRU 上电检查

RRU 上电检查流程图如图 7-15 所示。

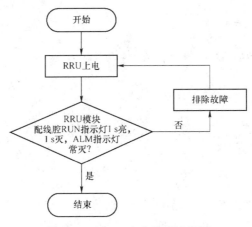

图 7-15　RRU 上电检查流程图

3. BTS 调试

DBS3900 的开通调试原则是统一在 BSC6000 本地维护终端（LMT）上进行调测操作。当在 LMT 上无法单独进行操作时，再与 BTS 侧的工作人员联系，共同执行调测任务，开通调试流程介绍如下。

1）运行 BSC LMT

运行 LMT 操作步骤如下：

（1）选择菜单"开始 | 程序 | 华为本地维护终端 | 对应版本号 | BSC6000 本地维护终端"。弹出"BSC6000 本地维护终端"登录界面，如图 7-16 所示。

图 7-16　BSC6000 本地维护终端登录界面

（2）单击■按钮，弹出 BSC 管理界面，如图 7－17 所示。

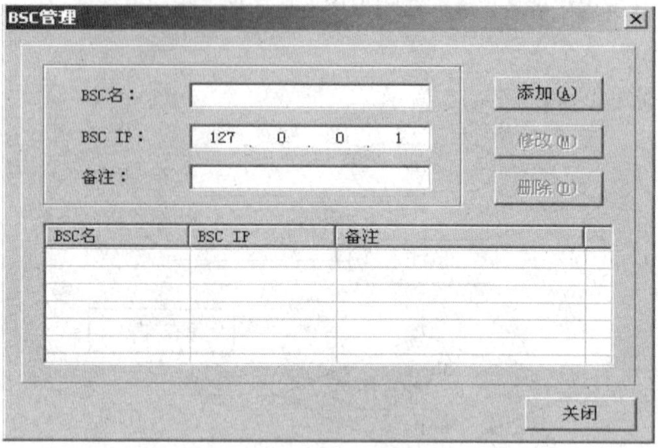

图 7－17　BSC 管理界面

（3）输入"BSC 名""BSC IP""备注"（可选），单击"添加"。

（4）单击"关闭"，返回。

（5）输入"用户名""密码"，选择"BSC 名称"，选择"用户类型"为"本地用户"。单击"确认"。

2）检查传输与组网

检查传输和组网，以确保 DBS3900 传输线缆的安装和硬件配置准确无误。检查项目包括：检查 BBU 和 BSC 间的传输，检查 BBU 和 RRU 间的传输，检查级联基站间的传输，以及检查环网基站间的传输。

（1）检查 RRU、BBU 和 BSC 间的传输。

检查 BBU 与 BSC、BBU 与 RRU 间的链路是否正常，以实现 BBU 与 BSC 间、BBU 与 RRU 间的正常传输。其操作步骤：① 单击菜单"BSC 维护 | 传输和信令维护 | LAPD 链路维护"。显示"LAPD 链路维护"操作框。② 选择要检查的链路和站点，单击"查询"。查询结果显示在"查询结果"界面。

（2）检查级联基站间的传输。

当现场存在基站间级联时，需执行此操作。以三级基站间的级联为例，级联基站可在"BSC6000 本地维护终端"界面上查看显示的位置，如图 7－18 所示。

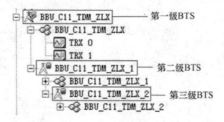

图 7－18　级联基站配置位置

检查级联基站间的传输操作步骤：

① 检查 LMT 上是否已配置了级联基站。

② 在"BSC6000 本地维护终端"界面上的左侧导航栏中，分别选中第二级基站和第三级基站，查看"基站设备面板"标签上的各单板状态是否显示为绿色，如图 7-19 所示。

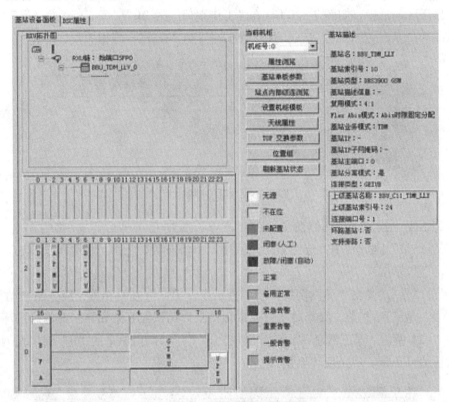

图 7-19　"基站设备面板"标签

a. 若单板状态显示为绿色，则说明单板处于正常状态，结束检查任务。

b. 若单板状态显示为其他颜色，则说明级联基站间的传输不正常，转步骤③。

③ 在 BTS 近端，检查第一级基站 BBU 与第二级基站 BBU 间的物理连接。正常情况下，第二级基站 E1 线的第一对 E1/T1 芯线的"T1"应连接第一级基站 E1 线的第二对 E1/T1 芯线的"R2"，第二级基站 E1 线的第一对 E1/T1 芯线的"R1"应连接第一级基站 E1 线的第二对 E1/T1 芯线的"T2"。

a. 若链路正常，则第一级基站的"LIU1"指示灯和第二级基站的"LIU0"指示灯将由未连通时的"常亮"状态转为连通时的"常灭"状态。

b. 若链路仍不正常，则请 BTS 技术工程师定位问题。

④ 在 BTS 近端，参考步骤③，检查第二级基站 BBU 与第三级基站 BBU 间的物理连接。

（3）检查环网基站间的传输。

当现场存在基站间环网时，需执行此操作。以三级基站间的环网为例，介绍如何检查环网基站间的传输，其具体操作步骤为：

① 检查 LMT 上是否已配置了基站环网。

② 在"BSC6000 本地维护终端"界面上，选择菜单"基站维护 | 维护站点 | 维护环网"，弹出"维护环网"界面。

③ 在"设置"区域框中，选择"站点类型"和第二级基站，单击"查询"，查询结果显示在"结果"区域框中，如图 7-20 所示。"工作端口"为"0"端口，"查询结果"为"查询环网参数成功"。表示在当前端口成功建立链路，且 OML 已收到相关数据配置。

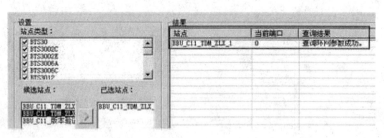

图 7-20　维护环网界面

④ 在 LMT 上检测正反环倒换。

a）在"结果"区域框中，选中第二级基站，单击右键，在弹出的菜单上单击"倒换"。弹出"确认"提示框。

b）单击"是"，弹出"环网倒换成功"提示框。第二级基站和第三级基站自动复位。

c）待第二级基站和第三级基站复位完成后，查询第二级基站和第三级基站的环网信息，结果如图 7-21 所示。第三级基站反向建链成功，工作端口由原来的"0"端口变为"1"端口，说明基站可正常实现正反环倒换。

结果			
站点	当前端口	倒换前等待时间（秒）	倒换前定时尝试…
BBU_C11_TDM_ZLX_2	1	0	60
BBU_C11_TDM_ZLX_1	0	0	60

图 7-21　环网倒换结果 1

⑤ 通过手动断开环网基站间的物理连接，检测环网基站的自动倒换。当环网基站间的物理连接断开时，正常情况下，断开处的下级基站会工作在反环上，上级基站会依然工作在正环上。

a）在 BTS 近端，断开第一级基站和第二级基站间的 E1 传输线，第二级基站将自动复位。

b）待第二级基站完成复位后，在 LMT 上，参考前面步骤，查询环网信息，结果如图 7-22 所示。第二级基站的工作端口由原来的"0"端口变为"1"端口，表明下级基站正常完成自动倒换。

结果				
站点	当前端口	倒换前等待时间（秒）	倒换前定时尝试	II代环网
BBU_C11_TDM_ZLX_1	1	0	60	是

图 7-22　环网倒换结果 2

3）检查配置数据

检查配置数据，以确保配置数据准确无误。检查项目包括：检查单板配置和状态，检查硬件安装与数据配置是否一致。

（1）检查单板配置和状态。

检查 BTS 各单板的配置和运行状态是否正常，其操作步骤为：

① 单击"基站设备面板"，显示已配置的单板，检查单板配置，如图 7-19 所示。

② 检查单板状态：单板显示为绿色，表示为"正常"；单板显示为红色，表示为"故障"。

③ 进一步检查单板状态：选择要查询的单板，单击右键，选择"单板信息查询"。弹出"单板信息查询"界面，如图 7-23 所示。

图 7-23 单板信息查询界面

④ 浏览"单板信息查询"界面，"单板状态"是否显示为"主用正常"。如果显示为"故障"，检查告警信息，转步骤⑤。

⑤ 在"BSC6000 本地维护终端"界面上，选择菜单"告警维护｜告警浏览"，在弹出的"告警浏览"界面上查看告警，并处理告警。

（2）检查硬件安装与数据配置是否一致。

在 LMT 上通过检查单板配置和状态，检测硬件安装与数据配置是否一致，其操作流程如下：

① 在"BSC6000 本地维护终端"界面上，单击"基站设备面板"标签，检查基站的单板配置。

② 正常情况下，单板状态显示为绿色。若单板状态显示为红色，表示单板存在故障。

③ 进一步检查单板状态：选择要查询的单板，单击右键，选择"单板信息查询"，弹出"单板信息查询"界面。

④ 选择"单板信息"标签，查看"单板状态"是否为"主用正常"。

a. 如果显示为"主用正常"，则说明单板的硬件安装与数据配置是一致的。

b. 如果显示为"故障"，则请查询相关的告警信息，并根据《BSS 告警参考》手册排除相关告警。

4）检查 BTS 告警信息

检查 BTS 告警信息，其具体操作步骤为：

（1）在"BSC6000 本地维护终端"界面上的左侧导航栏中选中基站。在弹出的"基站设备单板"界面上，查看 BTS 各单板是否存在告警。检查单板状态：显示为绿色，表示单板状态"正常"；显示为红色，表示单板有"故障"，存在告警。

（2）告警维护：查看站点所有告警信息。

① 选择菜单"告警维护 | 告警浏览"，弹出"告警浏览"界面。

② 任选一条告警，单击右键，在弹出的菜单中选择"告警过滤"，弹出"设置告警过滤条件"窗口。

③ 选择要查询的站点，单击"确定"。

④ 双击一条告警信息，弹出"告警详细信息"界面。如图 7-24 所示。

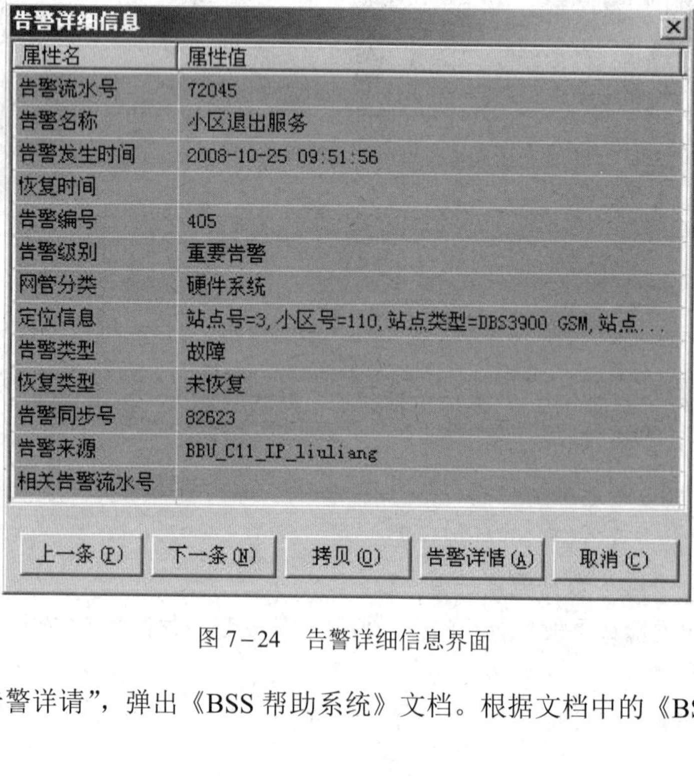

告警详细信息	
属性名	属性值
告警流水号	72045
告警名称	小区退出服务
告警发生时间	2008-10-25 09:51:56
恢复时间	
告警编号	405
告警级别	重要告警
网管分类	硬件系统
定位信息	站点号=3,小区号=110,站点类型=DBS3900 GSM,站点...
告警类型	故障
恢复类型	未恢复
告警同步号	82623
告警来源	BBU_C11_IP_liuliang
相关告警流水号	

上一条(P)　下一条(N)　拷贝(Q)　告警详情(A)　取消(C)

图 7-24　告警详细信息界面

⑤ 单击"告警详请"，弹出《BSS 帮助系统》文档。根据文档中的《BSS 告警参考》手册处理告警。

5）调测 BTS 业务

（1）调测 CS 业务。

调测 CS 业务是通过手机与手机之间或手机与 PSTN 用户之间的通话来检测 BTS 语音业务是否正常。具体操作步骤为：

① 调测手机开机，并检查开机过程中自动搜索 GSM-R 网络的情况。

② 将调测手机锁定在本 BTS 内一个逻辑小区的频点上。

③ 设置调测手机的呼叫信道。

a. 在 LMT 上，选择菜单"基站维护 | 修改管理状态"，弹出"修改管理状态"界面，如图 7-25 所示。

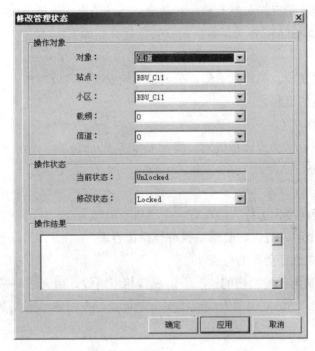

图 7-25　修改管理状态界面

b. 将小区内所有载波的 TCH 信道从"Unlocked"状态修改为"Locked"状态。若操作成功，"操作结果"区域框中会显示"修改操作状态成功"。

c. 将调测手机所绑定的频点上的一或两个 TCH 信道从"Locked"状态修改为"Unlocked"状态，使得调测手机在该信道上进行呼叫测试。

④ 进行呼叫测试。

a. 使用一部手机呼叫另一部手机，通话一段时间后挂机。

b. 使用一部手机呼叫 PSTN 用户，通话一段时间后挂机。

c. PSTN 用户呼叫其中一部手机，通话一段时间后挂机。

⑤ 确认所有呼叫成功，且通话正常，话音质量良好。

⑥ 进行短消息业务测试，用两部调测手机互发短消息，并确认所有短消息都收发成功。

（2）调测 PS 业务。

调测 PS 业务是通过手机与计算机之间的下载、浏览等操作来确认 BTS 数据业务是否正常。具体操作步骤为：

① 使用手机激活 GPRS 数据业务或 EGPRS 数据业务，采取多业务测试的方式调测 PS 业务。多业务测试包括彩信发送、网页浏览和文件下载。

② 确认发送彩信、浏览网页和下载文件是否正常。

③ 重复上述步骤，完成本 BTS 内其他小区的 PS 业务调测。

7.1.4 天馈系统安装与调试

天馈系统的安装质量直接关系到整个移动通信系统的工作性能。GSM-R 天馈系统的组成参见本书的 6.3 节。GSM-R 天馈系统的安装流程介绍如下。

1. 安装准备

为了保证天馈系统安装的施工质量，在天馈系统安装前需要审核设计文件，对天馈设备进行检测，进行天线的组装。

1）审核设计文件

通过审核设计图，了解天馈系统的安装要求和连接方式。

2）检测天馈设备

（1）检测天线。

天线到达现场后，应先进行天线检查，主要检查内容为：

① 查看天线的型号、规格、数量是否符合设计要求。

② 对天线的外观进行全面的检查。

③ 在天线的外观无任何损伤的情况下，连接相应跳线，用天馈测试仪进行天馈驻波比测试。若驻波比大于 1.5，则说明天线或接头部分可能存在问题，需要重新进行测试或更换天线。

（2）检测馈线。

馈线安装前，应对馈线进行单盘检测，主要检测内容为：

① 检查电缆盒标识、盘号、盘长、包装有无破损，馈线有无压扁损坏等现象并做好记录。

② 收集馈线的出厂测试记录、产品合格证等，根据出厂测试记录审查射频馈线的电特性和物理性能是否满足设计要求。

③ 单盘测试的电特性应符合相应的技术标准。

④ 单盘测试后，对馈线头做密封处理。

3）组装天线

天线的组装一般在塔下进行。其操作步骤如下：

（1）将天线调节支架安装在天线顶部的调节点，将定向天线固定安装在天线底部的调节点。

（2）将跳线接头与天线接头连接好并拧紧。

（3）对接头进行防水密封操作。

2. 天线的吊装与安装

1）吊装天线

吊装天线示意图如图 7-26 所示，吊装天线具体步骤如下：

（1）安装人员 A、B 上塔，安装人员 B 将定滑轮固定在铁塔平台的支架上，并将吊装绳穿过定滑轮。

（2）安装人员 D 用包装袋或胶布包扎跳线接头，并把跳线缠绕绑扎。用吊装绳在天线上支架处打结固定，用牵引绳在天线下支架处打结固定。

（3）安装人员 C 向下拉吊装绳，同时安装人员 D 向外拉牵引绳，以防天线和铁塔发生磕碰。

（4）安装人员 A、B 接住天线，解开绳结。

（5）依次完成天线的吊装后，暂不要取下定滑轮，后续还要吊装馈线。

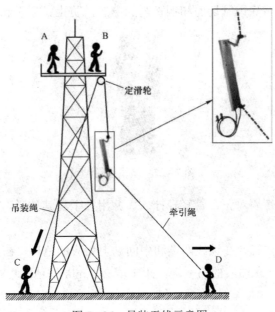

图 7-26　吊装天线示意图

2）安装天线

安装天线的步骤如下：

（1）将天线固定于支架的固定杆上，松紧程度适宜。

（2）用指南针确认天线方位角，调整时轻轻扳动天线调整方向，直至满足设计指标；然后将天线下部固定夹拧紧。天线方向角误差不应大于 ±5°。

（3）轻轻扳动天线，调节俯仰角直至满足工程设计指标，然后将天线上部的固定夹拧紧。天线俯仰角误差不应大于 ±0.5°。

（4）制作天线跳线避水弯，用黑线扣将天线跳线沿支架横杆绑扎并剪去多余的线扣尾。

（5）将安装好天线的支架伸出铁塔平台，用U形固定卡把支架固定在塔身上。定向天线伸出铁塔平台距离应小于1 m，全向天线伸出塔体的距离应不小于1.5 m。天线应在避雷装置的45°保护范围之中。

（6）用螺栓连接铁塔平台护栏和天线支架，若天线支架与铁塔平台护栏不便连接，可采用焊接的办法，并在所有焊接的部分和支架表面喷涂防锈漆。

3. 安装馈线

1）制作馈线接头

馈线接头需要现场制作，其塔上部分的接头最好在地面上制作好，用海绵一类的软物包扎后再进行吊装，馈线制作步骤如下：

（1）在设计长度上保留 1～2 m 的余量进行馈线切割，切割过程中严禁弯折馈线。用力去掉馈线外皮，在剖开馈管根部向上的第五个螺纹处，用钢锯或专用切割工具切断馈管，切断面要保持平整。

（2）在馈线头的接口处加装螺纹钢圈和防水胶圈，如图 7-27 所示。凸出的毛边用裁纸刀剪掉；用毛刷或胶泥清除馈管切面和铜管内的铜屑，防止铜屑引起短路或增大驻波比。

图 7-27　馈线头制作

（3）用手将馈线头螺帽对正馈管轻轻拧入，并用扳手将其拧紧。

2）粘贴色环

每切割完一根馈线，就要在馈线两端和中间贴上相应的色环。在馈线的一端，距馈线接头 200 mm 处粘贴色环；在馈线的另一端，距末端 200 mm 处粘贴相同的色环。

3）吊装馈线

吊装馈线的步骤如下：

（1）安装人员 D 用包装袋或胶带包扎馈线接头，用吊装绳在离馈线接头约 0.4 m 处打结固定，用牵引绳在离馈线接头约 4.4 m 处打结固定。

（2）安装人员 C 向下拉动吊装绳，同时安装人员 D 向外拉扯牵引绳，以防馈线和铁塔发生磕碰。

（3）安装人员 A、B 接住馈线，并将馈线多点固定在铁塔平台，以防馈线滑落。

（4）依次吊装完 6 根馈线后，安装人员 B 取下定滑轮。

4）连接跳线与馈线

在铁塔平台处将具有相同色环标识的馈线和天线侧跳线相连，并对接头做密封防水处理，具体操作流程如图 7-28 所示。

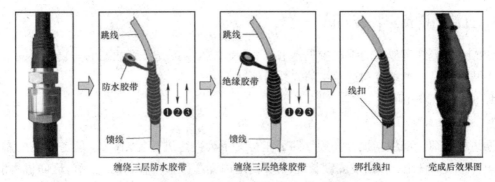

图 7-28　跳线与馈线连接操作流程

5）布放馈线

布放馈线的步骤如下：

（1）根据工程设计的要求对馈线排列进行设计，确定排列与入室方案。同一馈线应是整条线缆，禁止中间接头。

（2）一边理顺馈线，一边用固定夹把馈线固定到铁塔或走线架上，每隔 1.5～2 m 左右安装馈线固定夹，相邻两条馈线安装的馈线夹的距离为 2～4 cm。

（3）在馈线接地点处，必须先安装馈线接地夹，再固定馈线，且馈线的最小弯曲半径应大于馈线直径的 20 倍。

6）馈线入室

馈线通过馈线窗入室的步骤如下：

（1）馈线进入室内的入口处必须安装馈线窗、护套和防水填充物，金属馈线窗需防雷接地。

（2）馈线的尾部入室要做一个避水弯，制作避水弯时，馈线弯曲半径要大于馈线直径的 20 倍。

（3）在距馈线窗 1 m 处的馈线上粘贴色环。将所有的馈线穿入后，再拧紧紧固件以密封馈窗。

4. 接地处理

1）安装室外接地排

室外接地排应安装在馈线密封窗附近，最佳位置为馈线窗的上、下方，在现场实际安装中应根据工程设计图纸确定接地排的安装位置。室外接地排要安装牢固、保持水平。

2）馈线接地处理

馈线接地夹的安装与馈线的布放同时进行。每根馈线的避雷接地位置一般为 3 处：距馈线接头 1 m 范围内，位于铁塔底部的馈线上和馈线进入馈线密封窗的外侧。当馈线长度超过 60 m 时，应在馈线中间增加馈线接地夹，一般为每 20 m 安装一处。

5. 测试天馈系统

天馈系统安装完毕后，需要对天馈驻波比、天线、馈线和跳线逐项进行检查，对不符合要求的项目进行整改。

7.1.5 直放站设备安装与调试

GSM-R 光纤直放站的组成参见本书 6.4 节。GSM-R 光纤直放站的安装与调试包括漏缆的安装与调试、近端机和远端机的安装与调试。

1. 漏缆安装与调试

1）施工准备

漏缆施工前，应根据设计图和铁路公里标对下列内容进行复测：① 隧道外架挂漏缆区段的电杆位置、杆距、杆高及漏缆长度；② 隧道内漏缆架挂位置、长度；③ 区间机房位置、供电方式及供电路径。漏缆铺设时，还需要考虑路径上有无遮挡物，线缆的弯曲能否满足设计要求。

2）漏缆单盘测试

漏缆到达现场后，需要进行开盘检验。检查标识、盘号、盘长，包装有无破损，漏缆有无压扁损坏等现象并做好记录；根据出厂测试记录审查漏缆的电特性和物理性能（低烟、无卤、阻燃、防紫外线），满足设计需要。

在现场进行漏缆的单盘测试（驻波比、环阻、绝缘等），指标应符合设计需求。单盘测试后，用热可缩帽做密封处理。

3）隧道内漏缆支架安装

隧道内漏缆支架的安装应符合下列要求：① 支架孔的位置及孔距应符合设计要求，距离轨面高度一般为 4.8 m，孔距一般为 0.8～1.5 m。② 支架孔施工应采用打眼作业车，保证施工精度和质量。③ 支架孔的直径宜为 19 mm，孔深应为（70±3）mm。孔应平直，不得成喇叭状。④ 采用吊夹固定漏缆时，吊夹间距为 1～1.3 m，防火夹层为 10～15 m。⑤ 隧道内无衬砌面时，应采用钢丝承力索吊挂电缆方式，支架宜采用 40 mm×40 mm×4 mm 角钢，孔深应为 120 mm，角钢间距应符合设计要求。⑥ 在电气化区段隧道内安装支架时，只有在关闭该段接触网供电情况下，方可进行吊挂作业，两端还应设防护人员。

4）隧道内漏缆敷设

隧道内漏缆敷设应符合下列要求：① 漏缆应吊挂在隧道侧壁，槽口朝向线路侧，距轨面的吊挂高度一般为 4.5～4.8 m。② 电气化区段隧道内吊挂漏缆应在接触网回流线的两侧。不得已设在同侧时，漏缆同轴电缆与回流线、接地母线的距离不应小于 0.5 m。③ 电气化区段隧道内敷设漏缆，只有在关闭该段接触网供电情况下，方可进行吊挂作业，两端还应设防护人员。④ 隧道内漏缆宜采用机械施工，施工时运载轨道车不得猛起动或急刹车。当采用人员抬放、展放时，人员间隔不超过 5～7 m，以免漏缆拖地。⑤ 漏缆在敷设施工过程中严禁急剧弯曲，弯曲半径要符合有关要求。⑥ 漏缆敷设时，尽可能不与其他线缆交叉，如无法避免时，漏缆应布设在外侧。⑦ 与既有漏缆间距不小于 30 cm。

5）隧道外漏缆支撑杆安装

隧道外漏缆支撑杆安装应按照下列要求进行：① 漏缆支撑杆埋设深度应符合有关规定；

混凝土杆杆体裂纹应符合有关技术标准规定。② 单独立杆路架设漏缆时，支柱之间的距离、隧道口及设备房屋处距离第一根支柱距离应符合设计要求；承力索与柱顶之间的距离不大于0.3 m。③ 钢丝承力索宜采用 $7 \times \phi 2.2$ mm 镀锌铜绞线。

6）隧道外漏缆敷设

隧道外漏缆敷设应按下列要求进行：① 漏缆吊挂方式及高度应符合设计要求，吊挂高度宜距轨面 4.5～4.8 m。在电气化区段，与回流线的距离不应小于 0.6 m，在回流线或 PW 线加绝缘保护的区段，不应小于 0.2 m，与牵引供电设备带电部分的距离不应小于 2 m。② 漏缆上吊夹前，钢丝承力索应加（300 ± 30）kg 的张紧力，吊挂后漏缆垂直应保持在 20 ℃时0.15～0.2 m 范围内；漏缆与支柱的间距不应小于 150 mm。③ 漏缆在敷设施工过程中严禁急剧弯曲，弯曲半径要符合有关要求。④ 漏缆过轨时应换接阻抗相同的射频电缆。⑤ 与既有漏缆间距不小于 30 cm。

7）漏缆连接器安装

漏缆连接器安装应按下列要求进行：① 漏缆连接器安装应包括固定连接器、阻抗转换连接器、DC 模块、功率分配器及终端匹配负载。② 固定接头必须保持原电缆结构开槽间距不变。③ 接头应保证电特性指标，对驻波比过大、阻值过大、绝缘不良、衰耗偏大的接头应锯断重接。④ 连接器装配完毕后进行质量检查。⑤ 连接器装配后接头外部应进行防护。⑥ 连接器应可靠地固定在承力索或电杆上。

8）漏缆及连接器检测

漏缆及其连接器安装结束后，应检测内外导体直流电阻、绝缘介电强度、绝缘电阻、电压驻波比等。测试指标应满足设计要求。

2. 近端机和远端机的安装与调试

下面以 COMLAB 光纤直放站为例，说明近端机和远端机的安装与调试过程。COMLAB光纤直放站的组成参见本书 6.4 节，近端机和远端机的安装流程介绍如下。

1）施工准备

近端机和远端机在安装前，要做好设备验货和安装工器具准备工作。

（1）设备验货。

检查外包装是否完好，无明显碰坏；核对序列号；检查设备配置是否与图纸要求一致；检查架内设备、配件配置是否齐全。

（2）工具、仪器、仪表准备。

安装直放站需要光功率计一台（测量光缆衰耗），光源一台（与光功率计配合使用测量光缆通断），万用表一台（测量电压和判断连线的通断）和安装工具一套等。

2）近端机安装

（1）主机安装。

主机安装要求：

① 立式机柜的安装位置，排列顺序均应符合设计要求。机柜或机箱的安装必须牢固稳定，加固应符合设计的抗震要求；

② 立式机柜与同列机架应成一条直线，无明显参差不齐，整列机架允许偏差为 2 mm；机柜的安装垂直度应满足上、下偏差不大于机柜高度的千分之一；

③ 机柜的承载体必须坚固、水平且防静电，具有长期稳定性；安装后不得有影响美观的明显几何偏差；

④ 安装时，确保机柜内部走线正确整齐美观，标签清晰；

⑤ 安装完毕后，要保持机身洁净。

（2）馈线连接。

① 馈线的上下走线根据 MU 机柜里的 3 dB 电桥 IN 接口的方向而定。

② 连接馈线时注意 MU 3 dB 电桥的上下走线，如 3 dB 电桥 IN 接口向上，馈线就是走上走线、3 dB 电桥向下就是下走线，然后将馈线接入到 3 dB 电桥的 IN 口处。馈线接入 3 dB 电桥的位置如图 7-29 所示。

图 7-29　馈线接入 3 dB 电桥的位置图

③ 馈线从 10 dB 的耦合器上连接到 MU 主机的 3 dB 电桥上，其连接示意图如图 7-30 所示。

图 7-30　馈线连接示意图

（3）近端机接地。

近端机必须良好接地，近端机机柜壁下设有总接地螺栓，使用 16 mm² 的铜导线就近接地。接地线应尽可能短，接地连接件要加防腐处理。

（4）光纤连接。

黄色的光纤电缆设在机柜的底部，铺设在地板下；光纤电缆都是从 ODF 机柜正面的端口上接出连接到近端机的模块上。光纤线的数量根据近端机的型号而定，型号 2-2 其连接示意图如图 7-31 所示。

图 7-31　光纤连接示意图

（5）RJ45 网线连接。

将 RJ45 网线连接到近端机的交换机上，其连接示意图如图 7-32 所示。

图 7-32　传输网线连接示意图

（6）电源线连接。

用于近端机的 -48 V 直流电源提前安装并测试好，直接从近端机的空开上引出电源线接入到机房的 -48 V 的电源上。

3）远端机安装

（1）机框安装。

① 拆下远端机上面的安装支架。

② 根据设计手册，确定好需要固定的位置，并标记好需要钻孔的位置。安装位置距离牵引电机应大于 5 m。为保证远端机设备便于安装和维护，其安装操作空间需求为：两侧至少大于 600 mm，底部距离地面至少大于 1 280 mm。

③ 根据安装螺栓的大小，用冲击钻在标记好的位置钻好固定孔，将固定螺栓放入钻毕的孔内，分离开螺母和垫圈，最后将支架固定在固定的位置。

④ 安装主机必须要横平竖直，偏差为 ±15°。

⑤ 将接地线连接至地线排上。

（2）连接线缆。

安装时，应确保机框内部走线正确、整齐、美观，标签清晰，连接光纤的操作步骤为：① 打开远端机机盖。② 将光纤从光纤孔穿入远端机内部。③ 取下标有"主"的光纤电缆接头保护盖，将光纤插入主的 FO 模块上。④ 将光纤（FOL）接入远端机的 FO 光模块上，分别对应主、备、从，接入指定 RU 的 FO 光模块接口。

连接射频电缆：在远端机的底部取下无线射频连接器的保护盖，用 2.5 N·m 的力将射频线连接到远端机端口上，在每个连接器下大概 50 mm 处用自熔胶带缠上，50%的叠加缠绕，直到远端机边缘。远端机射频电缆连接示意如图 7-33 所示。

图 7-33　远端机射频电缆连接示意图

4）设备开通测试

（1）调试开通条件。必须具备下列条件，直放站才能进行调测开通：① 远端机和近端机安装完成并接通电源，光纤已连接。② BTS 耦合到近端机链路已连接并且 BTS 输出信号正常。③ 天线或漏缆电缆安装完成并测试无故障。④ Maintenance Tool 软件已安装到笔记本电脑上，并测试运行正常。⑤ 按配置表完成内部数据设置。

（2）清洁光纤插头和光模块插孔。

（3）设备加电，确认近端机与远端机的连接。

① 近端机 Tx 和 Rx 两个灯都为绿色，说明近端机到远端机光纤连接正常。

② 近端机上 MOXA 的 Ethernet 连接显示灯发光，说明 MOXA 和交换机网线连接正常。近端机上交换机显示灯为绿色，保证输出在工程需要范围之内。

（4）电平调试。在近端机登录 OMC 后点击远端机下行选项，输出功率在 28～32 dBm 之间，说明输出在正常范围内，还可以更精确地调整输出，保证输出在工程需要范围之内。

7.2　GSM-R 无线网络设备维护

做好 GSM-R 无线网络设备的维护工作是 GSM-R 无线网络正常运行的重要保证，本节首先介绍 GSM-R 无线网络维护的基本概述，然后对 GSM-R 无线网络设备的维护项目、要求和方法进行详细的说明。

7.2.1　概述

1. GSM-R 无线网络维护的基本要求

（1）铁路通信维护工作应认真贯彻"安全第一、预防为主"的方针，坚持强度与性能并重的原则；优先修程修制和生产组织，提高维护工作效率；采用新技术、新材料、新工艺，提高通信设备的维护质量；充分利用信息技术，完善运行维护支撑体系，实现维护、管理信息化。

（2）铁路通信维护工作必须执行国家、中国铁路总公司有关网络安全、通信保密的规定。

（3）铁路通信维护管理应树立"全程全网"观念，实行统一指挥、分级管理。

（4）维护工作应树立"科学维修"理念，推进全面质量管理，加强安全风险控制，优化维修作业方式，推广先进维修经验，提高通信设备维护质量。

（5）设备维护单位要建立健全维护管理制度，落实安全保密、机房、维修作业、数据制作等基本工作制度，规范备品备件、仪器仪表、台账、技术资料的使用和管理，制订岗位工作标准和维修作业标准，不断完善障碍处理流程和应急预案，提高应急处置能力。

（6）为满足设备维护和应急抢修需要，设备维护单位应配备必需的车辆、仪器仪表和工器具，建立相应的使用管理制度。

（7）维护部门应建立完整、准确的技术资料及台账。技术资料和台账应指定专人负责保管，遇有变动及时修订，每年核查整理一次。

2. GSM-R 无线网络维护的基本任务

（1）按时执行检修维护计划，使设备功能及性能符合维护指标要求。

（2）及时处理各种系统、设备障碍和用户申告，利用检测、监控和网管系统迅速准确地判断并排除故障，保证通信畅通。

（3）保持设备完好、清洁和处于良好的工作环境，努力延长设备使用年限。

（4）积极组织人员进行设备及电路分析，解决疑难问题，保证通信质量。

3. GSM-R 无线网络设备的维护方式

GSM-R 系统的通信线路、漏泄电缆和通信杆的维护由维修、中修、大修三个修程组成，其他设备实行维修修程。

GSM-R 设备的维修包括日常检修、集中检修、重点整修。日常检修是及时发现问题，消除障碍因素，确保通信畅通的经常性检修作业，包括周期性的日常巡视、检查、测试和修理等。集中检修是按一定周期进行的设备测试和修理工作，使其强度、性能满足维修标准，包括对可倒换设备入所（基地），以及在设备使用现场组织专业人员进行的测试和修理。重点整修是对存在故障隐患、质量缺陷的设备进行一次性集中修理的工作，包括设备的软件更新、部件更换等。

中修是按一定周期集中进行的提高通信设备、设施强度与性能的维护工作。通信线路（包括光电缆、漏泄电缆、电杆和线路附属设施）中修周期一般为 7 年；对处于易腐蚀环境的通信线路漏泄电缆和通信杆，可酌情缩短中修周期。

大修是根据设备使用年限或设备运用状态，为恢复和提高通信系统的质量和能力，有计划地对相关设备进行全面整修和更换。通信线路达到使用年限符合大修条件的，应及时予以大修；改变原有设备制式的，应予投资新建。通信线路（包括光电缆、漏泄电缆、电杆和线路附属设施）的使用年限为 20 年；GSM-R 系统的交换机、无线子系统的使用年限为 10 年，HLR、DNS、SCP 等服务器设备的使用年限为 5 年。通信线路在设备使用年限内，但设备质量容量不能满足运输安全和经营需要，并且通过正常维修、中修不能解决时，可提前安排大修或新建。

4. GSM-R 无线网络设备维护需配备的主要仪表和工器具

1）GSM-R 核心网设备维护需配备的主要仪表和工器具

GSM-R 信令分析仪、GSM-R 测试手机、测试用机车综合无线通信设备（CIR）、测试用调度台、GSM-R 接口监测设备（包括 Abis、A、PR1、Gr、Gb、Gn、Gi、C、D、L 等接口）。

2）GSM-R 无线网设备维护需配备的主要仪表和工器具

GSM-R QoS 测试系统、GSM-R 场强测试仪、基站综合测试仪、天馈线综合测试仪、频谱分析仪、位仪、角度仪、电子经纬仪、通过式功率计、驻波比测试仪、手持式 GPS 定位仪、GSM-R 测试手机、GSM-R Um 接口监测设备、漏缆监测系统、铁塔监测系统、干扰检测设备、GSM-R 无线系统本地维护终端（LMT）、直放站综合测试仪、功率计、光源、光功率计、电池容量测试仪、交直流稳压电源和天馈线及漏缆专用工具等。

5. GSM-R 设备维护应具备的技术资料

1）GSM-R 核心网设备维护应具备的技术资料

工程竣工资料、验收测试资料、网络拓扑结构图、各类图纸（设备平面图、布线图等）、设备和备件台账（含设备和备品备件型号与版本、数据配置、端口运用、配线等）、业务开通、设备配置数据制作流程、业务信令流程、设备资料（说明书、维护手册、操作手册等）、仪器仪表使用说明书和应急预案。

2）GSM-R 无线网设备维护应具备的技术资料

工程竣工资料、验收测试资料、无线网系统组网图、各类图纸（设备平面图、布线图等）、无线系统设备和备件台账（含设备和备品备件型号与版本、数据配置、端口运用、配线等）、基站、直放站、天线参数（方位角、俯仰角、高度）调整记录（含初始配置）、无线场强、QoS 测试资料、设备资料（说明书、维护手册、操作手册等）、仪器仪表使用说明书和应急预案。

7.2.2 BSC 设备维护

1. BSC 设备的维护项目与周期

1）BSC（含 PCU）设备的维修项目与周期

BSC（含 PCU）设备的维修项目与周期如表 7-1 所示。

表 7-1　BSC（含 PCU）设备的维修项目与周期

类别	序号	项目与内容	周期	备注
日常检修	1	告警实时监控	实时	网管监控，发现问题及时处理
	2	设备巡视，查看设备运行状态	日	
	3	单板（模块）运行状态检查		各单板运行正常无告警
	4	BSC 各接口状态检查		网管检查
	5	BSC 信令链路检查		网管检查
	6	系统配置文件备份	月	数据备份无误，备份文件至少保持 1 年，配置调整后及时备份
	7	时钟同步状态校对		与时间同步系统误差小于 1 s
	8	时钟同步状态检查		网管检查，满足设备手册中相关参数限值的要求，频率精度应优于 4.6×10^{-8}
	9	设备清扫		清洁无灰尘
	10	系统日志文件备份		至少保持 1 年
	11	风扇检查、清理防尘网	季	有施工或防尘不佳的机房要增加防尘网清理次数
集中检修	1	资源统计	年	设备端口、处理能力、license 等
	2	系统健康状态检查、分析		检查单位提交检测报告，分析检测结果并采取相应措施
	3	主备用板卡切换实验		
重点整修	1	隐患整治		
	2	问题板件整修，更换配件		
	3	版本升级		
	4	其他项目整治		

2）BSC 无线系统性能质量标准

无线系统性能质量指标包括：BSC 主处理器负载、业务和信令信道可用率、业务和信令信道分配成功率、业务和信令信道掉话率（8 W）、坏小区比例（8 W）、忙小区比例、越区切换成功率（8 W）、无线系统接通率、SDCCH 忙时负荷、TCH 每信道忙时话务量、PDTCH 信道利用率及平均占用率、动态 PDTCH 转换 TCH 成功率、Gb 接口丢包率、上下行 TBF 分配成功率和 Gb 接口上下行链路平均速率（kbps）等。以 BSC 主处理器负载指标为例，质量标准要求月平均负荷≤60%，月峰值负荷≤80%，其他指标可以参考铁路通信维护规则，不再赘述。

2. BSC 设备的维护方法

BSC 设备的维护工作主要包括网管巡视和设备巡视两部分。网管巡视是指通过网管中心的网管系统对分布在各处的设备进行远程集中监测和管理；设备巡视是指在设备现场对设备进行检查和操作。

1）网管巡视

BSC6000 本地维护终端 LMT 采用图形化用户界面，完成对 BSC6000 系统的操作维护和数据配置功能，并提供详细的在线帮助信息，如图 7-34 所示。

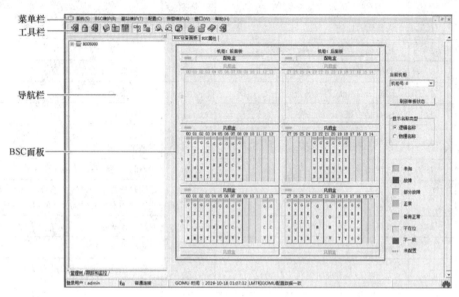

图 7-34　BSC6000 本地维护终端主界面

（1）查看活动告警。

选择菜单"告警维护 | 告警浏览"，或单击快捷菜单 🔍，弹出界面，如图 7-35 所示。

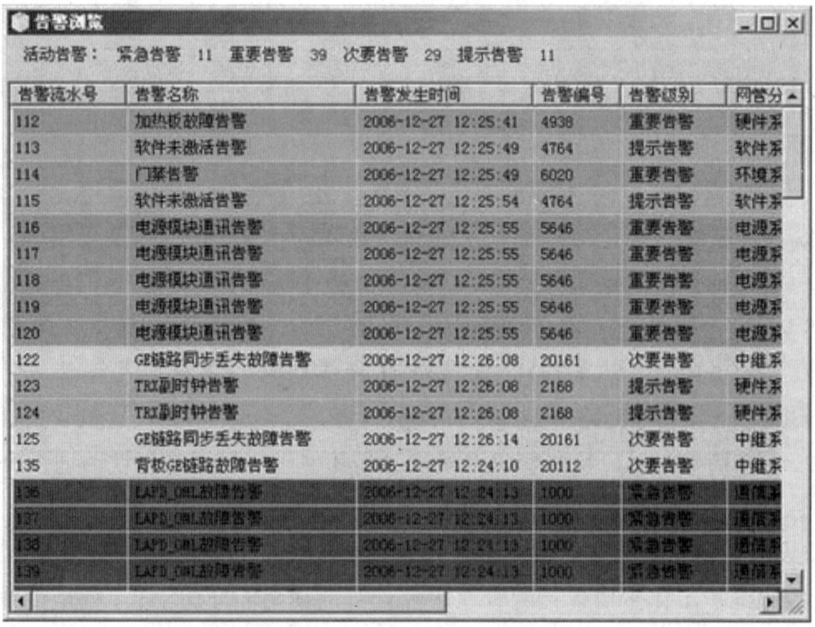

图 7-35　告警浏览界面

（2）上传 BSC 日志文件。

① 选择菜单"BSC 维护 | 日志维护 | BSC 日志文件上载"，弹出界面，选择"日志类

型"，单击"查询"，查询结果界面如图 7-36 所示。

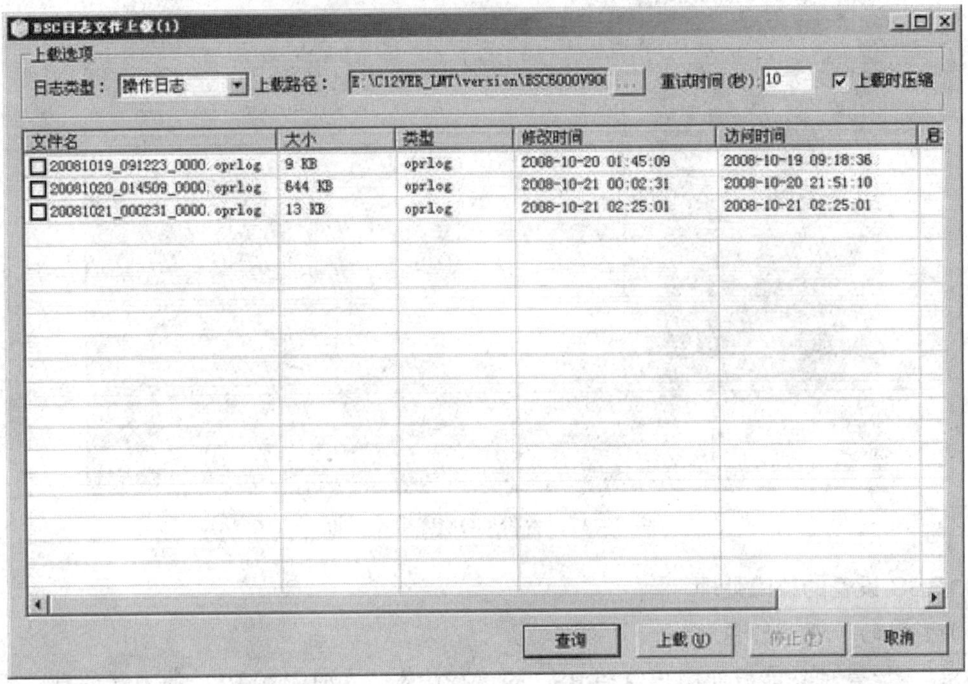

图 7-36　BSC 日志文件上载查询结果界面

② 在查询结果中，选择需要上载的日志文件，单击██按钮，选择日志文件存放的路径，再单击"上载"，完成文件上载操作。

（3）查询 BSC 时钟状态。

BSC 时钟精度正常、稳定地工作，才能保证各项业务和功能正常地实现。可在 LMT 上检查时钟精度，此项操作不影响和中断 BSC 的正常工作。具体操作方式为：

① 选择菜单"BSC 维护 | 设备维护 |BSC 单板时钟状态查询"，查询单板时钟状态。

② 设置"定位信息"区域框中的参数，单击"查询"，可以获取查询结果，状态显示正常。

（4）BSC 数据库备份。

如果由于硬件故障或其他突发情况导致 BSC 数据库丢失，会造成系统无法及时恢复的严重故障。定期对 BSC 数据库进行备份，可避免此故障的发生。具体操作流程如下：

① 选择菜单"配置 | 备份 | 备份服务器数据"，弹出界面，如图 7-37 所示。

② 输入要执行操作的文件名（文件名不得含有中文字符），选择要执行的操作，单击"执行"，完成操作。

2）设备巡视

设备巡视工作主要包括设备运行状态检查、连接线检查、风扇检查、设备清扫、机房环境检查等，其中最重要的工作就是查看 BSC 设备面板上各指示灯的状态，并通过指示灯的状态来判断设备的运行状态。

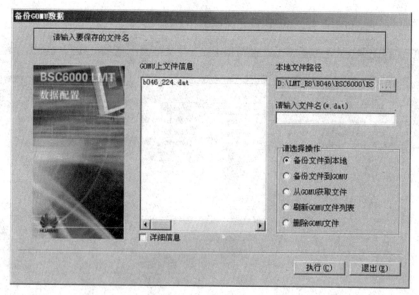

图 7-37　备份 GOMU 数据界面

3. BSC 设备的故障处理

1）告警的管理

BSC 告警管理功能方便用户监控 BSC 的运行状态，实时了解 BSC 的故障信息以便及时采取相应措施，其主要提供以下功能：

（1）告警过滤。

BSC 对于重复故障告警、重复恢复告警和重复事件告警进行过滤处理，被过滤告警不再上报。

（2）告警屏蔽。

操作员可以按照告警 ID 对单条告警进行屏蔽，也可以通过设置对象告警屏蔽条件对基站、小区、单板的某个告警或所有告警进行屏蔽，减少衍生告警上报数量。

（3）告警提示。

当故障告警发生时，BSC 系统支持通过发送 E-mail、托盘闪烁提示、电话通知、短消息提示、终端发声、告警箱声光提示等方式通知操作员。

（4）告警信息处理。

操作员可以浏览告警实时信息、查询历史告警信息，同时根据告警联机帮助提供的告警的详细处理建议对告警进行相应的处理。BSC 可以保留 90 天内的 10 万条历史告警信息。

BSC 管理过程主要包括告警产生、告警上报、告警处理过程。各单板自动检测相关告警并上报给 GBAM 服务器/GOMU 单板，GBAM 服务器/GOMU 单板将告警信息处理后形成不同级别的告警，分送给 LMT 或 iManager M2000 服务器。用户通过 LMT 或 iManager M2000 客户端进行告警操作，管理告警信息。

2）更换单板

（1）查看故障单板面板的"ACT"指示灯是否亮。

（2）从故障单板上拔下线缆。

（3）从插框中拆卸故障单板。

（4）将备用单板插入插框。单板自动加载，此时单板 RUN 灯处于闪烁状态。

（5）安装新单板上的线缆。

（6）单板 RUN 灯处于闪烁状态（1 s 亮，1 s 灭）时，通过在 LMT 上选择菜单"BSC 维护｜设备维护｜BSC 单板信息查询"，在弹出的界面设置"定位信息"区域框中的参数，单击"查询"，查看"单板状态"标签中的"可用状态"是否为"正常"。

（7）通过在 LMT 上选择菜单"BSC 维护｜软件信息查询｜查询单板版本信息"，在弹出的界面中，设置"查询模式"和"选择单板"区域框参数，单击"查询"，把"软硬件信息"标签中的查询结果与单板版本配套关系表比较，确认是否符合版本配套关系。

（8）在 LMT 的告警浏览窗口中观察是否有单板故障等相关告警。

（9）更换 BSC 接口板结束。

7.2.3 BTS 设备维护

1. BTS 设备的维护项目与周期

BTS 设备的维护项目与周期见表 7-2。

表 7-2 BTS 设备的维护项目与周期

类别	序号	项目与内容	周期	备注
日常检修	1	告警实时监控	实时	网管监控，发现问题及时处理
	2	设备巡视，查看设备运行状态	年	现场巡视，封闭线路结合天窗修进行；有施工或防尘不佳的机房要增加防护网清理次数
	3	接头、连接线检查		
	4	风扇检查、清理防护网		
	5	设备清扫		
	6	基本业务测试		现场测试语言、智能网、GPRS 等业务
集中检修	1	基站环倒换	年	
	2	主控板切换	2 年	
	3	发射机平均频率误差测试	3 年	（1）从设备投入运用第 2 年开始测试，3 年之内完成所有基站设备的性能测试。（2）使用基站综合测试
	4	发射机均方根相位误差测试		
	5	发射机峰值相位误差测试		
	6	发射机 RF 载波平均发射功率测试		
	7	发射机 RF 载波平均发射功率时间包络测试		
	8	发射机领道功率测试		
	9	接收机静态参考灵敏度电平测试		
	10	接收机阻塞特性及杂散响应测试		
	11	接收机互调特性测试		
重点整修	1	隐患整治	根据需要	
	2	问题板件整修，更换配件		
	3	版本升级		
	4	其他项目整治		

2. BTS 设备的维护方法

BTS 设备的维护工作主要包括网管巡视和基站巡视两部分。

1）网管巡视

基站维护终端系统界面分为三部分：导航窗口、浏览窗口和状态窗口，如图 7-38 所示。

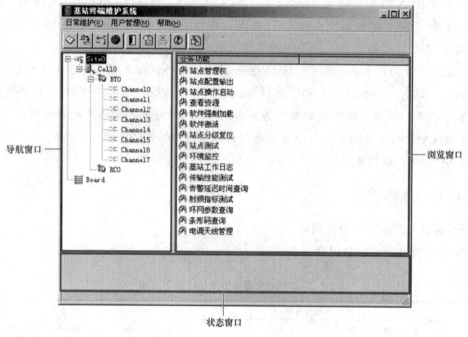

图 7-38　基站维护终端系统界面

通过网管对 BTS 设备进行的主要操作有：查看基站的端口状态、对设备的单板进行诊断及测试、数据制作等。下面举例对 BTS3012 用户数据的操作。

（1）小区属性管理。

① 在"基站终端维护系统"窗口的左边选中"Cell"，在右边双击"小区属性管理"。弹出"小区属性管理"窗口。如图 7-39 所示。

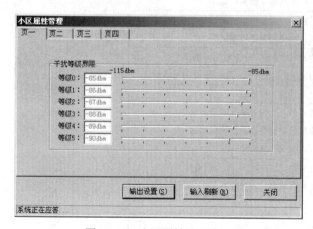

图 7-39　小区属性管理窗口

② 设置各个属性值。

③ 单击"输出设置"。设置属性成功。结果显示在"小区属性管理"窗口底部的状态栏中。

④ 单击"输入刷新"。获取属性成功。结果显示在"小区属性管理"窗口底部的状态栏中。

（2）载频属性管理。

① 在"基站终端维护系统"窗口的左边选中"RC"，在右边双击"载频属性管理"。弹出"载频属性管理"窗口。如图 7-40 所示。

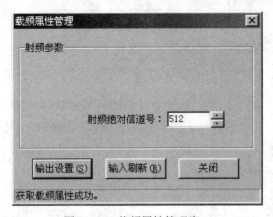

图 7-40　载频属性管理窗口

② 设置"射频绝对信道号值"。

③ 单击"输出设置"。设置载频属性成功。结果显示在"载频属性管理"窗口底部的状态栏中。

④ 单击"输入刷新"。获取载频属性成功。结果显示在"载频属性管理"窗口底部的状态栏中。

（3）信道属性管理。

① 在"基站终端维护系统"窗口的左边选中"Channel"，在右边双击"信道属性管理"。弹出"信道属性管理"窗口。如图 7-41 所示。

② 设置适当的参数值。

③ 单击"输出设置"，设置属性成功，结果显示在"信道属性管理"窗口底部的状态栏中。

④ 单击"输入刷新"，获取属性成功，结果显示在"信道属性管理"窗口底部的状态栏中。

2）基站巡视

基站巡视工作主要包括设备运行状态检查、连接线检查、风扇检查、设备清扫、机房环境检查等，其中最重要的工作就是查看设备面板上各指示灯的状态，并根据指示灯的状态判断设备的运行状态。

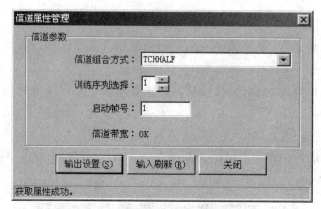

图 7-41 信道属性管理窗口

3. 基站故障处理

1）基站故障的分类

基站故障一般可分为以下几类：基站硬件故障、基站软件故障、交流引入故障（短路、断路更换开关）、熔丝、更改室内外走线、停电后恢复供电等直流故障（更换开关、熔丝更换整流模块、更换监控模块、修改开关电源参数等）、蓄电池故障、调故障、基站传输故障、基站动力环境监控设备故障。

2）基站故障的处理

GSM-R 基站设备发生故障时，应按先抢修后调查的原则，迅速组织抢修，减少对运输生产安全的影响。当网络维护中心管理人员通过监控系统得知某基站出现告警或设备故障时应通知维护部门。在接到故障报告后，维护人员必须在规定时间之内赶到现场处理。在规定的时限内处理故障后，维护部门要将故障处理的详细经过、更换材料和遗留问题等情况详细记录并上报。

基站故障处理的一般流程为：先检查电源设备，检查传输设备，最后检查 BTS 设备对电源部分，主要检查开关电源输出、设备电源输入（指示灯）；对传输部分，需要在传输网管配合下检查 SDH（PDH）告警灯，进行远环、近环测试；对 BTS 设备部分，通常检查连线、模块工作状态，在网管配合下进行相应的维护操作。

7.2.4 漏缆及天馈系统维护

1. 漏缆及天馈系统的维护项目与周期

漏缆及天馈系统的维护项目与周期见表 7-3。

表 7-3 漏缆及天馈系统的维护项目与周期

类别	序号	项目与内容	周期	备　注
日常检修	1	天馈线、杆塔外观检查	月	风、雨天气及防洪重点区段应增加临时检查次数
	2	漏缆径路检查		
集中检修	1	接头检查	半年	

续表

类别	序号	项目与内容	周期	备　注
集中检修	2	天馈线、杆塔紧固件检查	半年	
	3	天线俯仰角、方向角检查测试		使用仪器仪表进行测试
	4	天馈线密封、强度检查		
	5	天馈线驻波测试		
	6	漏缆驻波比测试		使用仪器仪表进行检查、测试
	7	漏缆直流电阻、内外导体绝缘测试、接头检查、整修及更换		
	8	漏缆吊挂件、吊线、固定件检查		
重点整修	1	隐患整治	根据需要	
	2	其他项目整治		

2. 天馈系统的维护方法

天馈系统的维护主要包括外观检查、俯仰角与方位角调整、驻波比测试、径路检查、性能测试、防雷接地检查等。具体的操作方法参见 7.1.4 节。

3. 天馈系统的故障处理

1）天馈系统故障处理的一般流程

当天馈系统发生故障时，可以引用驻波比告警或通信性能指标下降。对天馈故障进行定位的最有效方法就是进行驻波比测试，通过测试可以大致确定故障点，然后再采取相应措施进行解决。

2）天馈系统故障处理举例

在巡视过程中发现的常见天馈故障可以采取表 7-4 的处理方法。

表 7-4　常见天馈故障的处理方法

序号	故障原因	处理方法
1	因室外跳线与天线的接头松动或进水，导致驻波比不合格	除去接头的进水，紧固接头并密封处理
2	因主馈线接头密封不良导致接头进水，引起驻波比不合格	拆开主馈线接头，倒出接头里的积水后晾干，裁掉因进水发生氧化的部分，重新制作主馈线接头，连接后并做密封防水处理
3	因主馈线室内接头制作不规范、松动或损坏，导致驻波比不合格	重新制作、紧固或更换主馈线室内接头
4	因避雷器与馈线连接松动，导致驻波比不合格	重新紧固避雷器与馈线的接头
5	因室内跳线与避雷器接头松动，导致驻波比不合格	重新紧固跳线与避雷器的接头
6	室内跳线与机柜接头松动，导致驻波比不合格	重新紧固室内跳线与机柜的连接

7.2.5　直放站设备维护

1. 光纤直放站设备的维修项目与周期

光纤直放站设备的维修项目与周期见表 7-5。

表 7-5　光纤直放站设备的维修项目与周期

类型	序号	项目与内容	周期	备注
日常检修	1	告警实时监控	实时	网管监控，发现问题及时解决
	2	远端、近端机光模块收、发光功率测试	月	通过网管检查测试
	3	远端机上行功放输出功率测试		
	4	远端机下行功放输出功率测试		
	5	系统时间校对		与时间同步系统误差小于 1 s
	6	设备巡视，查看设备运行状态	季	现场巡检，封闭线路内结合天窗修进行
	7	基本业务测试		现场测试语言呼叫、智能网、GPRS 等业务
	8	连接线检查		现场巡检，封闭线路内结合天窗修进行
	9	直放站机柜的清扫		
	10	远端机蓄电池、UPS 及光缆引入等设备检查		
集中检修	1	远端机备用光纤测试	年	
	2	射频输出功率测试	2 年	实测值与设置值误差±2 dBm，使用仪器仪表测试
	3	增益测试		增益指近端机射频输入与远端机射频输出之间的增益，实测值与设置值误差±3 dB，使用仪器仪表进行测试
	4	远端机主、从输出信号电平差测试		满足设计值或近期网优值，使用仪器仪表测试
重点整修	1	隐患整治	根据需要	
	2	整修零部件，更换配件		
	3	版本升级		
	4	其他项目整治		

2. 直放站设备的维护方法

直放站设备的维护工作主要包括网管监测和直放站巡检两部分。

1）网管监测

通过网管中心的网管系统，可以实现对沿线各直放站的监测与管理。直放站网管的主要功能为：查询直放站运行状态、控制与调整直放站运行参数、显示告警。

（1）近端机监控功能。

① 查询功能主要包括：设备编号、版本号、监控中心地址、近端机 IP 地址、从站数量、光收发模块故障、电源模块故障、耦合信号功率值等。

② 控制功能主要包括：设备编号、近端机 IP 地址、近端机 MAC 地址监控中心地址等。

③ 告警功能主要包括：电源掉电、光收发模块故障、电源模块故障、光端机收无光告警、光端机发无光告警等。

（2）远端机监控功能。

① 查询功能主要包括：设备编号、下行功放开关状态、下行输出功率、上行最大增益

及下行最大增益、上行功放故障及下行低噪放故障、光收发模块故障、设备过温报警、下行驻波告警、开门告警、电源模块告警等。

② 控制功能主要包括：设备编号、下行功放开/关、上行功放开/关、整机上行增益值、整机下行增益值、ALC 起控值等。

③ 告警功能主要包括：上行低噪放故障、下行功放故障、光收发模块故障、设备过温、下行输出过功率、下行功放大驻波告警、开门告警等。

2）直放站巡检

直放站巡检工作主要包括设备运行状态检查、连接线检查、风扇检查、设备清扫、机房环境检查、设备指标测试等，其中最重要的工作就是查看设备面板上各指示灯的状态，并根据指示灯的状态来判断设备的运行状况。

3. 直放站设备的故障处理

1）直放站故障处理的一般流程

在直放站网管监测过程中发现告警，可根据告警信息初步确定故障位置和故障原因，如果在网管侧不能排除故障，还需要和现场维护人员联系，由维护人员在设备现场进行配合，最终排除故障。

在直放站日常巡检过程中，通过观察各设备面板的指示灯的状态来判断设备的工作状态。如果指示灯异常，就要初步进行故障定位，然后通过测试相关端口的性能参数，必要时要和网管中心联系，进行故障分析，确定故障位置，最终排除故障。如果指示灯显示正常，也要测试一些重要指标。根据指标的变化，提前判断可能出现的问题，做好预防工作。

2）COMLAB 光纤直放站故障处理举例

（1）网络非冗余告警。

每台远端机 RU 的 MOXA 有两个网络口，分别设置了 IP，通过主、从两个链路连接到 MU，再连接至 OMC 网管，其中任何一路网络中断就会出现网络非冗余告警。处理流程：① 连接故障模块 MOXA，此时其中一个 IP 可以连通（ping 数据包），另一个不通。② 确定是主网络不通还是从网络不通。③ 现场处理时，先到 MU 查看光模块状态灯及交换机状态灯状态，将计算机连到 MU 的交换机连接（ping）故障 RU 的 IP 地址，判断网络链路是否连通。④ 如不通，则将网线连到光模块网口再连接（ping）故障 RU；如能 ping 通，则是这根网线问题，将其更换即可；如还不通，则把此模块光纤换到附近正常模块判断；如果能通，则是此模块故障更换模块；如不能通，这时可以排除 MU 端问题。⑤ RU 端查看模块状态灯再将网线连至交换机连接（ping）RUIP 和网管 IP，如果 RU 端 IP 不通，则更换交换机到 MOXA 的网线；网管端不通则更换交换机到模块端网线，此时故障即可解决。

（2）网络不可用告警。

处理流程：① 网管检查能否连通设备 IP。② 现场检查设备是否掉电，如没掉电，查看传输至 MU 交换机的网线是否亮灯。③ 用计算机检查能否 ping 通网管 IP。④ 如不通，检查交换机至传输设备的网线，检查传输设备至网管是否连通。

（3）MU 电源非冗余告警。

MU 电源监控由前端模块接收每个电源的 +12 V 电压。当监测有电压时，为正常状态；无电压时，为告警状态。MU 电源非冗余告警一般原因是电源模块坏或监控线接触不良或前端模块坏。处理流程：① 网管查看电源模块状态，确定电源模块告警。② MU 电源告警一般为电源模块坏或监控线接触不良造成。③ 软件读取 PS＝3，则一般为前端模块坏。④ 用万用表测量电源输出端，确定电源模块好坏。⑤ 然后测量电源监控线，如有电压，是前端模块坏，更换模块即可。

（4）RU 电源非冗余告警。

RU 电源监控是由预置功放模块的 12 V 电源回路监控的，当电源模块正常工作时，线路闭合；当模块坏时，整个回路断开，这时为非冗余告警状态。RU 电源非冗余告警一般可能出现的原因是监控线松动或电源模块坏或预置功放模块坏。处理流程：① 网管查看电源模块状态，确定电源模块 1 或 2 故障。② 电源故障通常为电源模块坏或监控线接触不良造成。③ RU 设备有两套电源系统，打开 RU 机盖看电源模块状态灯是否是绿色，并测量每个电源的输出是否正常。④ 如输出都正常，检查电源的监控线是否接好，用万用表二极管挡测量是否连通。⑤ 如证明电源及监控线都正常，此时可能是预功放问题，需更换预置功放。

（5）RU 链接非冗余。

RU 的光模块通过光纤与 MU 光模块相连，如果光纤光衰较大或 RU 或 MU 光模块损坏都会造成告警。处理流程：① 查看网管状态，读取 MU、RU 两端模块状态，判断网管显示故障模块。② 现场使用光功率计测量光路，测试光纤收光功率，正常应该大于 1 dBm。③ 现场查看光模块 RX、TX 灯状态，是否红灯告警。④ 将故障模块与正常模块光纤倒换连接，观察告警有无消除，如消除，则此模块坏；如没有消除告警，则需到另一端设备处同样以此操作来确定故障模块。⑤ 链接告警首先检查测试光衰，如光衰正常，倒换光纤确定 RU 端还是 MU 端模块坏。

（6）下行预功放告警。

处理流程：① PRA 下行预功放模块出现故障，在网管中显示下行预功放失败，通常为模块故障。② 网管查看预功放工作状态，状态 OK 正常，状态红色为故障，应更换预功放模块。

（7）近端机电源模块故障。

当在现场通过电源模块指示灯状态观察到电源故障时，首先要检测电源模块的输入/输出电压，以快速判断故障点。处理流程：

① 测量输入电压是否正常，用万用表负极接地，推荐接在电源模块的 DC＋端子，用万用表正极接电源模块的 DC＋端子，此时在万用表上应该可以显示出输入电压，如果电源电压显示在 −54～−48 V 范围内，认为正常。如果此时电源电压超过这个范围，需要首先检测电源系统供电直到输入电压正常为止。

② 在第一步操作中，已经确认了输入电压正常，接着需要测试输出电压是否正常。用万用表的正、负极分别接在电源模块 DC 12＋和 DC 12−端子，观察此时在万用表上显示的

数值是否为 +12 V。如果此时数值不是 +12 V，可以判断电源模块已经损坏，需要更换新的电源模块；如果此时数值为 +12 V，但设备还是无法加电，说明主板有过载，需要返厂做进一步检测。

（8）远端机状态与故障排查。

由于远端机一般位于隧道内，用于维护的时间很短，一般采用整机更换的方法。为此，首先要判断是远端机设备的问题，还是电源系统、光传输系统或射频系统的问题。

处理流程：

① 电源系统检测。

采用双电源模块及备用电池的方案，通过网管就可以快速发现故障所在点，网管上通常会有两种告警。如果电源模块告警，说明远端机内部有一个电源模块已经损坏，需要更换整个远端机；如果市电告警，此时需要检查电源供电系统。

② 光传输系统检测。

主链路告警表示主光链路有一路断开；如主、备链路同时告警，表明主光链路两路均断开，从光链路在工作；从链路告警，说明从链路断开。

测试近端机和远端机的光发和光收，光强度应该控制在 1～5 dBm 之间。如果光发正常，光收小于 1 dBm，此时认为光衰过大，需要测试光传输通道。如果近端机光模块坏，可以更换模块；如果远端机光模块坏，需要做整机更换。

③ 射频系统检测。

采用双功率放大器的方案，如果有一个功放坏，网管会有相应的告警信息，此时更换远端机即可。如果功放工作正常，电平强度不够，需要检测远端机射频端口电平，如果有输出，需要检查馈缆驻波比判断故障点；如果无输出，更换远端机。